Ulrich Volkmann

Sicher zum Beschreiben von Texten

Gedichte · Erzählungen
Werbung · Erörterungen

Ernst Klett Schulbuchverlag Leipzig
Leipzig Stuttgart Düsseldorf

Inhaltsverzeichnis

Erster Teil: Gedichte beschreiben ... 3

Vielfalt der Themen und Formen ... 3
Erich Fried: Angesichts unserer Welt ... 3
Günter Kunert: Tiefseemuschel ... 3
Sarah Kirsch: Waldstück ... 3
Claire Goll: [Zehn Jahre schon] ... 3

1 Ein lyrisches Ich spricht ... 4
Walter Helmut Fritz: Heute Abend ... 4
Heinz Piontek: Einschlafen ... 5
Rolf Haufs: W. ... 6
Rainer Brambach: Der Findling ... 7

2 Strophe, Vers, Versgruppe ... 7
Karl Alfred Wolken: Kindheit ... 7
Sarah Kirsch: Zeitung ... 8

3 Wortwahl und Satzbildung ... 9
Hans Leip: Hilflos (1978) ... 9
Heinz Kahlau: Das hier ist Wahrheit ... 10
Oda Schaefer: Autofahrt ... 11
Wulf Kirsten: chaussee ... 12

4 Klang und Bildlichkeit ... 12
Reiner Kunze: Die Liebe ... 13
Georg Heym: Alle Landschaften ... 14
Peter Gan: An den Mond ... 15
Günter Eich: Wo ich wohne ... 15
Johannes Bobrowski: Der Wanderer ... 16
Günter Eich: Wetterhahn ... 16
Peter Hacks: Die Lerche ... 17

5 Motive ... 17
Gertrud Kolmar: Aquarium ... 18
Hilde Domin: Noch gestern ... 19
Ingeborg Bachmann: Freies Geleit ... 20
Helmut Heißenbüttel: Heimweh ... 21

6 Spiegelung von Weltsicht und Gesellschaftskritik ... 21
Rose Ausländer: Glauben ... 21
Peter Härtling: An einen Freund ... 22
Christa Reinig: Gott schuf die Sonne ... 22
Christoph Meckel: Was dieses Land betrifft ... 23
Reiner Kunze: Unter sterbenden Bäumen ... 23
Ernst Schönwiese: [Die einzige Tugend...] ... 23

Zweiter Teil: Erzählende Texte beschreiben

1 Erzähler und Erzählweisen ... 24
Wolfdietrich Schnurre: Das Geschöpf ... 24
Wolfdietrich Schnurre: [Sprache] ... 25
Ror Wolf: Entdeckung hinter dem Haus ... 26
Ror Wolf: Hinaufsteigen ... 26
Johannes Bobrowski: Litauische Geschichte ... 27

2 Aufbau und Personengestaltung ... 28
Siegfried Lenz: Die Nacht im Hotel ... 28
Gerold Späth: Im Regen ... 30
Margret Steenfatt: Im Spiegel ... 31
Yvan Goll: [Ein Clown] ... 32
Ralf Rothmann: [Aus: Messers Schneide] ... 32
Birgitta Arens: [Ein Brief] ... 33
Thomas Bernhard: [Der Vorzugsschüler] ... 33

3 Raum und Zeit ... 34
Helga M. Novak: Abgefertigt ... 34
Christa Moog: Wieder der Norden ... 35
Hans-Joachim Schädlich:
Nacht, zweiter bis dritter August ... 36
Paul Schallück: In der Menge ... 37
Peter Weiss: [Jahrmarkt] ... 38

4 Erzählerische Gestaltung in Textarten ... 39
Heinz Risse: Gloria Mundi ... 39
Günter Kunert: Die Maschine ... 40
Bertolt Brecht: Märchen ... 41
Günter Bruno Fuchs: New York ... 41

Dritter Teil: Werbende und erörternde Texte beschreiben ... 42

Lufthansa. Das gute Gefühl ... 42
[Traummann und Traumfrau] ... 43
„Lesen" verschenken ... 44
Luise Rinser: Die Wozu-Frage ... 45
Max Frisch: Überfremdung I ... 47
Peter Handke: Ich bin ein Bewohner des Elfenbeinturms ... 48

Verzeichnis der Fachbegriffe ... 49

Erster Teil: Gedichte beschreiben

Vielfalt der Themen und Formen

Erich Fried: Angesichts unserer Welt

Man sagt von mir:
„Er schreibt unvollkommene Verse
um die Leute aufzuwiegeln."
Das ist für mich
5 hohes Lob
Schlimm wäre es
wenn sie von mir sagen könnten:
„Er schreibt vollkommene Verse
um die Leute
10 zu beschwichtigen."

Günter Kunert: Tiefseemuschel

Bewundernd musterst du, was Leben
aus Kalk und ohne Vorbild schafft.
Was steckt dahinter? Welches Streben?
Das ist die Hülle: Wo die Kraft?
5 Beliebt: Solch Stück ans Ohr zu halten.
Man hört nur Rauschen. Doch du bist bereit
beim Lauschen eine Ahnung zu entfalten:
So und nicht anders klänge Ewigkeit.

Sarah Kirsch: Waldstück

Der Nordwind zerstückelt die Wolken
Sie fahren über den Himmel bis in die
Wölfischen Tundren die Sonne steigt auf
Was sie an den Tag bringt verrammelte
5 Wälder abgebrochene Hütten im Dickicht
Die Tränen der Demonstranten kein Gras
Wächst darüber legt sich Beton.

Claire Goll:

ZEHN JAHRE SCHON dass du mich liebst
Zehn Jahre zehn Minuten gleich
Und immer seh ich dich zum ersten Mal:

Die Taschen voller Rosen
5 Künftige Tränen hinter der Brille
Wie Diamanten in Vitrinen
In deiner Brust eine Lerche
Und unter den schüchternen Handschuhn
die Zärtlichkeiten der Zukunft

10 Zehn Jahre schon dass du mich liebst
Dass auf allen Uhren
Die Zeit auf immer stillstand

Aus dem Nachlass von Erich Fried (geb, 6.5.1921 in Wien, gest. 22.11.1988 in Baden-Baden). Veröffentlicht in Heft 39 der Vierteljahreszeitschrift für Kultur und Politik „Freibeuter". Wagenbach Verlag, Berlin 1989. Zitiert nach: DIE ZEIT, Nr. 17, 21. 4.1989.

Günter Kunert: Stillleben. Gedichte. Carl Hanser Verlag, München 1983, Seite 95.
Günter Kunert, geb. 6. 3. 1929 in Berlin

Claire Goll: Aus: Yvan und Claire Goll: Zehntausend Morgenröten.
Gedichte einer Liebe. In: Claire Goll: Memoiren eines Spatzen des Jahrhunderts. Erzählungen und Lyrik. Langen Müller, München 1978, Seite 185. © Argon Verlag GmbH, Berlin.
Claire Goll, geb. 29. 10. 1890 in Nürnberg, gest. 30. 5. 1977 in Paris

Sarah Kirsch: Katzenleben, Gedichte. Deutsche Verlags Anstalt, Stuttgart 1984, Seite 23.
Sarah Kirsch, geb. 16. 4. 1935 in Limlingerode/Harz

1 Ein lyrisches Ich spricht

> Ein lyrisches Ich, das nicht identisch ist mit dem Autor, spricht im Gedicht über Geschehenes, Erlebtes, über Gefühle und Gedanken. Es wird auch „Sprecher im Gedicht" genannt.

Walter Helmut Fritz: Heute Abend

In dieser Straße lebe ich also.
Der Zaun, die Telefonzelle, wie sind sie nah,
auch die Häuser, an denen ich vorbeigehe,
verändert, unverändert seit Jahren.

5 Vom Flughafen das Licht des Scheinwerfers
kreist nachts über den Dächern,
huscht über die Fenster,
hinter denen ich also wohne.

Vor mich hintrottend
10 spüre ich der Luft schöne Kälte.
In diesem Körper bin ich also,
gehüllt in diesen Mantel.

Das Metall des Schlüssels,
mit dem ich die Tür öffnen werde,
15 zum wievielten Mal, ist heute Abend
fester und kühler, als es je war.

Walter Helmut Fritz: Gesammelte Gedichte. Verlag Hoffmann & Campe, Hamburg 1979, Seite 45.
Das Gedicht entstand zwischen 1958 und 1962.
Walter Helmut Fritz, geb. 26. 8. 1929 in Karlsruhe

1 Beschreibe aus deiner Sicht, wovon das lyrische Ich spricht.
Welche Informationen über den Sprecher enthält der Text?
Du kannst die nebenstehenden Aussagen mit verwerten; überprüfe sie aber zunächst auf Richtigkeit und Genauigkeit.

Spontane Schüleräußerungen nach dem ersten Hören des Gedichts:
– Der Sprecher des Gedichttextes wird sich seiner Umgebung bewusst.
Er spricht nicht nur von „heute Abend", sondern auch …(vgl. Zeile 6)
– Der Autor erzählt von einem abendlichen Spaziergang.
– Das lyrische Ich verschafft sich nicht nur Klarheit über seinen Lebensraum, sondern auch über sich selbst.
– Walter Helmut Fritz erkennt sein Leben.

2 Löse fogende Aufgaben, die sich auf Inhalt und Gestaltung beziehen:
– Weshalb hat Walter Helmut Fritz wohl die Überschrift „Heute Abend" gewählt?
– In welcher Weise wird in den einzelnen Strophen die Lebenswelt des Ichs erfasst?
– Wie erklärst du die gegensätzliche (= antithetische) Aussage in Zeile 4?
Welche Bedeutung hat sie für die folgenden Aussagen? Inwiefern unterstützt sie die Überschrift?

3 Formuliere nun in einem Satz dein Verständnis des Gedichts.

Im folgenden Gedicht spricht ein lyrisches Ich von einer bestimmten Lebenssituation.

Heinz Piontek: Einschlafen

Nachts war nichts	Alliteration
zu vernehmen.	
Kein irres Klappern	Alliteration
von Gasmasken und Trinkbechern.	
5 Kein Pferdewiehern.	Anapher
Keine Detonationen.	
Wir legten uns zurück	
und fielen	
ins Dunkel	
10 wie in einen Schuh,	Vergleich
Kindheit genannt.	

Heinz Piontek: Wie sich Musik durchschlug. Gedichte. Wilhelm Heine Verlag, München 1978, Seite 55.
Heinz Piontek, geb. 15. 11. 1925 in Kreuzberg/Oberschlesien

4 Unterstreiche die Ausdrücke, die sich auf die Lebenssituation beziehen.
Vielleicht hilft dir die folgende Angabe: In seinem Gedichtband hat Heinz Piontek fünf Gedichte, darunter „Einschlafen", mit der Überschrift „Im blauen Juni 45" versehen.

5 Wie – mit welchen sprachlichen Mitteln – spricht das Ich von dieser Lebenssituation?
Verwende zur Antwort die Randnotizen.
Was bewirken die Mittel?

Beispiele:
Durch die klangliche Bindung innerhalb der ersten Verszeile, die Alliteration, werden zwei bedeutungsschwere Wörter mit dem gleichen Anlaut hervorgehoben: nachts, nichts. Da der K-Laut hart klingt, fällt die Alliteration der dritten Zeile besonders auf. Sie macht, unterstützt durch das vom Autor zusätzlich gewählte Adjektiv „irres", den Lärm des Krieges hörbar. ...

6 Beschreibe nun die Wirkung der Anapher (= Wiederholung eines oder mehrerer Wörter am Anfang einer Verszeile) und des Vergleichs.

7 Mit welcher Absicht könnte Piontek sein Gedicht geschrieben haben?
Überprüfe zu dieser Frage die nebenstehenden Schüleraussagen:

– Das lyrische Ich äußert sich zu einem Erlebnis mit Kameraden („wir").
– Piontek will die letzten Minuten vor dem Einschlafen darstellen.
– Der Autor will zeigen, was ihm seine Kindheit bedeutet.
– Piontek äußert sich in seinem Gedicht dazu, wie sich Soldaten am Ende des Krieges in ihre Kindheit zurücksehnen. Deshalb wählt er wohl die Gesamtüberschrift „Im blauen Juni 45"; in der Romantik ist Blau die Farbe der Sehnsucht.
– Der Dichter beschreibt die Erlösung vom Krieg.
– Der Verfasser hat einen Tagtraum kurz vor dem Einschlafen.

8 Formuliere deine – bessere – Antwort zu Aufgabe 7. Nicht in allen Schüleraussagen wird berücksichtigt, dass nach der möglichen Absicht des Autors gefragt ist.

Rolf Haufs: W.

1
Immer kamen wir zu spät Ich wartete
Bis deine verletzten Beine es geschafft hatten
So viel Schnee hat uns bedeckt und doch
Die Splitter trafen dich du schriest
5   Blutroter Park Blutrote Stadt

2
Später warst du der beste die Diktate
Fehlerlos die Aufsätze verrieten
Dass du wusstest was Angst ist
Ich fing an dich zu hassen weil du
10 Wieder alle Vokabeln gelernt hattest

3
Rauchten was das trockene Laub hergab
Mittlere Brände wir sahen die Dome
In Asche liegen Christus verkohlt
Kein Stigma Wir grüßten
15 Gewaschen gekämmt den Führer

4
In der Nacht haben sie dich geholt
Das Bild das brennt noch immer
Du siehst dich um zwischen zwei
Männern Mond schien die Sterne
20 Unsere kleinen Kindergärten
Erfroren   Da hätte ich
Schreien mögen

5
War aber still

Rolf Haufs: Felderland. Gedichte. Carl Hauser Verlag, München 1986, Seite 18 f.
Rolf Haufs, geb. 31.12.1935 in Düsseldorf

Stigma = Zeichen, durch das etwas deutlich wird

9 Führe die Beschreibung des Gedichts in den einzelnen Abschnitten so ausführlich wie möglich weiter. Deine endgültige Fomulierung zur Kernaussage kannst du dir überlegen, wenn du die folgenden Abschnitte ergänzt und das Gedicht genau kennen gelernt hast.

Daten: *In dem Gedichtband „Felderland" von Rolf Haufs (geb.1935), erschienen 1986 im Carl Hanser Verlag, München, findet sich auf den Seiten 18/19 das Gedicht „W".*

Kernaussage: *In dem Gedicht geht es um ...*

Inhalt: *W. ist ein Schulkamerad des Sprechers im Gedicht, der wohl von Erlebnissen des Autors spricht. In fünf Strophen, mit Ziffern gekennzeichnet, ruft sich der Sprecher in Anreden an ein Du gemeinsame Erlebnisse ins Gedächtnis zurück ...*

Sprache: *Er spricht zunächst in ruhigen Sätzen. In Strophe 4 setzt ein stockendes Sprechen ein. Es spiegelt sich wider im unvollständig formulierten Gedanken „Das Bild das brennt noch immer", im kurzen Satz „Mond schien" und in einem unvollständigen Satz (einer Ellipse): „die Sterne". Es ist auch erkennbar an der Lücke, an der Sprechpause hinter „Erfroren", und es endet abrupt im Satzbruchstück der fünften Strophe. Das lyrische Ich hat seine Schuld eingesehen und kann nicht(s) mehr sagen. ...*

Absicht = Intention: *Ich meine, dass Rolf Haufs sein Gedicht in folgender Absicht geschrieben haben könnte: ...*

Wirkung: *Je mehr ich mich mit dem Gedicht beschäftige, je öfter ich es lese, desto mehr merke ich, dass das Gedicht mich betroffen macht. Mit der Rückblende in die Hitlerzeit wird die Schuldverstrickung des Ichs in damaliges Geschehen sichtbar. Dadurch fordert der Text dazu auf, ...*

Rainer Brambach: Der Findling

Findling, ich hocke so
spielzeugklein vor dir,
uralter Mooskopf mit
kantiger Stirn.

5 Dich liebt der Steinmetz nicht,
du stumpfst den Meißel,
bist ohne Zierat,
finstre Geduld.

Deine Belagerung,
10 Stein, deine Wucht da –
Wie trägt die Erde dich,
Einsamer, sprich!

Rainer Brambach: Wirf eine Münze auf. Diogenes Taschenbuch 20616. Zürich 1982, Seite 64.
Rainer Brambach, geb. 22.1.1917 in Basel, gest. 14.8.1983 ebd.

Das Dinggedicht ist eine Gedichtart, bei der ein sinnlich fassbares Objekt dargestellt wird. Durch die objektivierende Beschreibung einerseits, andererseits durch Betonung und Deutung bestimmter Einzelzüge sucht der Autor dem Wesen des Beschriebenen nahe zu kommen, z.T. mit symbolisierender Überhöhung, d.h. mehr als das visuell Wahrnehmbare in einem Gegenstand zu sehen.
Diese Definition von „Dinggedicht" scheint in allen Einzelheiten in diesem Gedicht verwirklicht.

10 Weise das mit Rückbezug auf den Sprecher des Gedichts nach. Führe dazu den nebenstehend angefangenen Aufsatz weiter aus.

„Der Findling" ist ein Dinggedicht von Rainer Brambach, einem Schweizer Schriftsteller, der 1917 in Basel geboren worden ist.
Ein Ich spricht ...

2 Strophe, Vers, Versgruppe

> Verse (Gedichtzeilen) und Strophen (Versgruppen) sind Gliederungseinheiten eines Gedichts.

Karl Alfred Wolken: Kindheit

Die Teekiste riecht nach Ceylontee
sie steht hinterm Hühnerstall
darüber, rollend, der Sonnenball.

Die Teekiste ist mein Versteck,
5 mein Leseeck.

Ich lese Robinson Crusoe
Sigismund Rüstig.
Die Odyssee.

Man pfeift, man ruft mich zum Essen
10 aber ich will die Welt durchmessen
und steche in dem Geruch von Tee
mit Jasons Argonauten in See.

Karl Alfred Wolken: Eigenleben, Gedichte aus der Villa Massimo. Schneekluth Verlag, München 1987, Seite 54.
Karl Alfred Wolken, geb. 26.8.1929 in Wangerooge

Robinson Crusoe: Abenteuerroman von Daniel Defoe, englischer Politiker und Schriftsteller, geb. Ende 1659 oder Anfang 1660, gest. 24.4.1731
Sigismund Rüstig: abenteuerlicher Seeroman von Frederick Marryat, englischer Erzähler, geb. 10.7.1792, gest. 9.8.1848
Jasons Argonauten: aus der griechischen Mythologie: Die Argonauten sind Heroen, die unter Jasons Führung ans Schwarze Meer segeln, um das Goldene Vlies zu holen, das dort im Hain des Ares von einem Drachen bewacht wird.
Odyssee: Epos von Homer (8. Jh. v. Chr.), das die zehnjährige abenteuerliche Heimfahrt des Odysseus nach der Eroberung von Troja erzählt

Bei diesem Gedicht lässt sich die Einteilung in Strophen besonders gut begründen.

1 Versuche eine solche Begründung, indem du die Stropheneinteilung als Gliederung der verschiedenen Aussagen beschreibst, z.B. wie in der rechten Spalte.

In der ersten Strophe wird dem Leser vorgestellt, ...
Die zweite Strophe zeigt, was dem lyrischen Ich ... bedeutet ...
Noch länger als die ersten drei Strophen ist die vierte Strophe, weil ...

Zu den Gliederungseinheiten von Strophe und Versgruppe gehören das **Reimschema**, die **Kola** (Plural von **Kolon**) als Sinneinheiten innerhalb eines Verses, die neben Satzzeichen und Versenden die **Sprechphasen** bestimmen.
Das Kolon „zerschneidet" die Verszeile. Ein solcher Einschnitt heißt **Zäsur**.
Der Übergang von einer Verszeile zur anderen ohne Sprechpause heißt **Zeilensprung** (Enjambement).
Es gibt auch den **Strophensprung**.
Innerhalb eines Verses spricht man von **betonten** und **unbetonten Silben**, von **Binnenreim** (= Reim von Wörtern innerhalb einer Verszeile), von **Alliteration** (= Hervorhebung von Wörtern innerhalb einer Verszeile durch gleichen Anlaut). Versausgänge können auch durch **Assonanz** verbunden werden (gleiche Vokale, aber ungleiche Konsonanten: Rat – Tag, sehen – leben).
Die meisten modernen Gedichte haben weder Reim noch feste Strophen und auch keine regelmäßige Folge von betonten und unbetonten Silben. Dennoch lässt sich eine hörbare Gliederung der Verszeile erkennen, eine bestimmte **Sprechbewegung**, ein bestimmtes Sprechtempo, eine lebendige Rede, die sich nach dem Stimmungsgehalt, den Zäsuren (s. o.), den Wortgruppen = Kola (s. o.), den Versen und Versgruppen, den Strophen, den Hervorhebungen oder der Tongebung (Intonation) richtet.

2 Untersuche das Gedicht von Karl Alfred Wolken genauer:
– Kennzeichne Kolon (Kola) und Zäsur (Zäsuren).
– Was wird in den Versen ausgesagt, die durch gleichen Reim als zusammengehörend gekennzeichnet sind?
– Begründe vom Inhalt her, weshalb Wolken wohl in der dritten Strophe keine Kommas gesetzt hat und weshalb das Semikolon am Ende der neunten Zeile fehlt.
– Suche eine Begründung für die fehlende Interpunktion an den ersten Versenden der ersten Strophe.
– Wo gibt es einen Zeilensprung? Wie wirkt er?
– Welche Verse sprichst du verhalten, welche schneller, welchen Vers energisch (beachte die Wortwahl)? Inwiefern entsprechen Sprechtempo und Betonung der jeweiligen Situation?
– Untersuche, ob Betonungen für das Verstehen dieses Gedichts eine Rolle spielen.
– Was gefällt dir an diesem Gedicht?

3 Beschreibe jetzt das Gedicht im Zusammenhang. Halte dich an die Gliederung in Aufgabe 9, Seite 6: Daten, Kernaussage, Inhalt, Sprache, mögliche Aussageabsicht, Wirkung auf den Leser.

Sarah Kirsch: Zeitung

Spät wurden in diesem Jahr die Schafe geschoren
Die Kühe drängten sich länger als sonst in den Ställen
Wenn die Bauern elektrische Zäune flickten
Hörten sie diesmal umsonst auf den Kuckuck
5 Die Schwalben kamen im letzten Moment | hatten Mühe
Auf leichten Flügeln ihr Mahl zu erlangen.
Dieser harte und gnadenlose sehr lange Winter
Der Schneepflug am heiligen Osterfest ließ die Menschen
Erstarren und unempfindlich gegen geringe Freude
10 Ihre Sisyphosarbeit tun alle Rosen
Waren auf Jahre erfroren und noch in kleinen Blättern
Fanden sich Mutmaßungen über kommende Kriege.

4 – Warum wohl nennt Sarah Kirsch ihr Gedicht „Zeitung"? (Eine alte Bedeutung von Zeitung ist Botschaft/Nachricht.)
– Erschließe die mögliche Aussageabsicht.
– Beschreibe die beiden durch senkrechten Strich und durch Pfeil nachträglich gekennzeichneten Stellen. Wo werden die hier festzustellenden Mittel noch angewandt? Welche Wirkung haben sie?

5 Beschreibe das Gedicht.

Sarah Kirsch: Katzenleben, Gedichte. Deutsche Verlags Anstalt, Stuttgart 1984, Seite 50.
Sarah Kirsch, geb. 16.4.1935 in Limlingerode/Harz

Sisyphosarbeit, auch Sisyphusarbeit: sinnlose, nie ans Ziel führende Arbeit; nach Sisyphos, einer Gestalt der griechischen Mythologie, die dazu verurteilt ist, einen Felsblock einen steilen Berg hinaufzuwälzen. Kurz vor dem Erreichen des Ziels rollt der Fels wieder ins Tal zurück.

3 Wortwahl und Satzbildung

Hans Leip: Hilflos (1978)

Wir brauchen neue Gebete
Herr Gott im Überschall,
Herr Gott in der Riesenrakete,
Herr Gott im Kernzerfall,
5 Du ließest uns bestehen
trotz Bomben, Mord und Brand,
und was auch mag geschehen,
Du gabst uns freie Hand.

Wie würdest Du wohl noch zügeln
10 zu schlichter Mäßigung
das, was wir so kühn erklügeln
mit stets vermehrtem Schwung?
Bist Du doch selbst darinnen
im Satellitenschwall,
15 und was wir auch beginnen,
Du bist es überall.

Du in der Computer Eile,
in Quant und Wellenspiel,
was birgst Du zu unserm Heile,
20 wo steckt Dein geheimes Ziel?
Wir rasseln zu Deinen Sternen,
wir reißen die Himmel entzwei
und werden doch niemals lernen,
was wahre Schöpfung sei.

25 Denn was die winzigste Zelle
mit Puls und Leben füllt,
des Geistes verborgene Quelle
bleibt uns in Dir verhüllt
und wie Du selber stille
30 in unserem Fortschrittsschrei.
Herr, so gescheh Dein Wille,
Herr Gott, und steh uns bei!

Hans Leip: Die Hafenorgel. Gedichte und Zeichnungen zwischen 1910 und 1978. dtv, München 1981, Seite 187 f.
© *Hans Leip, Rechteinhaberin: Kathrin Leip.*
Hans Leip, geb. 22.9.1893 in Hamburg; gest. 6.6.1983 in Fruthwilen (Schweiz)

Quant: ein Begriff aus der Physik: kleinste, unteilbare Menge; kleinste Energiemenge
Wellenspiel: Im Zusammenhang der Zeilen 17 und 18 ist hier sicherlich nicht das Wellenspiel von Meereswellen gemeint. Leip spricht vermutlich im physikalischen Sinn von elektromagnetischen Wellen oder Lichtwellen.

1 Fasse in einem Satz zusammen, worum es in Hans Leips Gedicht geht.

2 Untersuche das Wortmaterial und die Sätze:
– An wen wendet sich Leip mit seinem Text?
  An welcher Wortwahl ist das erkennbar?
– Was erreicht Leip mit den Aufzählungen in den Zeilen 2 bis 4, 6 und 17/18?
– An welche lyrische Form wirst du beim Lesen dieses Textes erinnert?
  Warum?
  Begründe deine Antwort von der entsprechenden Wortwahl Leips her.
– Anrede, Bitte, Frage sind wichtige Bestandteile dieses Textes.
  In welchem Bezug stehen sie zur Überschrift?
– In welcher Weise spricht das Gedicht den Leser an?

Heinz Kahlau: Das hier ist Wahrheit

Ich hörte:
Wolken sind über den Völkern
von allen Atomexplosionen.
Sie werden herunterkommen.

5 Ich las:
Winde sind aufgekommen
überm Pazifik,
die Staub mit sich tragen.
Sie wehen über die Erde.

10 Ich sah:
Fische wurden gefangen
im Meer von Bikini,
die hatten drei Köpfe.
Sie schwimmen in alle Meere.

15 Ich weiß:
Kinder wurden geboren
in Nagasaki
von menschlichen Müttern.
Es sind keine Menschen.

20 Was immer gelogen wurde
in Zeitungen, Rundfunkstationen
und Kinos,
das hier ist Wahrheit.

Wann ist das Brot, das ich esse,
25 kein Brot mehr?
Wann ist der Wein, den ich trinke,
kein Wein mehr?
Wann ist das Kind, das ich zeuge,
kein Kind mehr?

30 Wenn der Fisch vom Pazifik
auf unserm Tisch steht,
wenn der Wind von Bikini
durch unser Haar weht.
Wenn die Wolke von Bikini
35 auf uns niedergeht.

Heinz Kahlau: Bögen. Ausgewählte Gedichte 1950-1980. Aufbau-Verlag, Berlin und Weimar 1981, Seite 329 f.
Heinz Kahlau, geb. 6.2.1931 in Drewitz bei Potsdam

Bikini: Atoll in der Balikgruppe der Marshallinseln, wo die USA von 1946 bis 1958 Atombombenversuche durchführten. Die Bewohner, die 1971 dorthin zurückkehrten, mussten das radioaktiv verseuchte Gebiet sieben Jahre später wieder verlassen.
Nagasaki: Auf diese Stadt in Japan warfen die USA am 9.8.1945 ihre zweite Atombombe ab.

3 Worum geht es in dem Gedicht von Heinz Kahlau?

4 Untersuche die Sprache:
– Welche Bedeutung haben die Subjekt-Prädikat-Sätze in den jeweils ersten Zeilen der Strophen 1 bis 4?
– Begründe mit Hilfe deiner ersten Antwort folgende These: Die Reihenfolge von Zeile 1, 5, 10, 15 bewirkt eine Steigerung.
– Warum sind Fragen und Antworten der beiden letzten Strophen für die Aussage des Gedichts wichtig?
– Was soll das Gedicht wohl bewirken?
Vielleicht hilft dir die folgende Angabe: Der Text ist der politischen Lyrik zuzurechnen.

Oda Schaefer: Autofahrt

Glatt
Wie der Fahrtwind
Streift unablässig
Die Zeit
5 Deine Schläfe.
Dein Haar ergraut unterwegs.

Diese Sekunde
In der das Rad
Sich zu drehen begann
10 Sie ist unwiderruflich.
Du fährst in die Zukunft.

Diese Sekunde
Indem sie dich streifte
Glatt
15 Wie der Fahrtwind
Fiel in das Dunkel
Alles Gewesenen
Wenn sie auch kurz
Gegenwart hieß.

Oda Schaefer: Der grüne Ton. Späte und frühe Gedichte. Piper Verlag, München 1973, Seite 22.
Oda Schaefer, geb. 21.12.1900 in Berlin, gest. 4.9.1988 in München

Einige Wörter im Gedicht sind einander so zugeordnet, dass Bedeutungsketten entstehen.

5 Inwiefern helfen dir die eingekästelten und unterstrichenen Wörter zum Verständnis des Gedichts?

6 Vervollständige die nebenstehende Beschreibung des Gedichts.

In ihrem Gedicht „Autofahrt" stellt Oda Schaefer (1900 – 1988) das Verfließen der Zeit dar.
Die Überschrift legt die Erwartung nahe, das Gedicht werde eine reale Fahrt darstellen. Aber bereits am Ende der ersten Strophe, in Zeile 6, zeigt sich, dass „Fahrt" eine größere Reise meint, denn das Haar kann nur während eines längeren Lebensabschnitts grau werden.
Beginnt man noch einmal mit dem Lesen der ersten Strophe, fällt das „Wie" der zweiten Verszeile auf: Ein Vergleich wird gezogen zwischen dem Fahrtwind, den der Sprecher des Gedichts während einer tatsächlichen Autofahrt verspürt, und der Lebensfahrt, der Lebenszeit, die das Haar grau werden lässt. Zeit und ihr Verlauf sind leitendes Motiv auch in den folgenden Strophen. ...
Durch die Wiederholung „glatt / Wie der Fahrtwind" sind die erste und die dritte Strophe verbunden ...
Wer ist mit dem „Du" gemeint? Vermutlich nicht eine angesprochene Person, sondern das Ich selbst, dem die Gedanken an seine Lebensreise bei einer Autofahrt gekommen sind. Die Form des Sprechens mit einem Du wirkt auf den Leser ...

Wulf Kirsten: chaussee

im fahrtwind schnellen vorbei
die siedlungsachsen. der wind
schüttelt verschlafene schornsteine, bläst
ihre stehmähnen über die sichtgrenze.
5 der tag wallt auf,
legt sich laut in die ruhmkurve.
überkreuz hinweg
ein bündel ausgefahrner zufahrtswege.
die spuren im lehm weisen weltein.
10 es strömt und lärmt
des werktags konvoi
im zeitmaß über den schotter.
am fluchtpunkt
fließt über die gräben
15 allseits die landfärbung,
zum jahrlauf mit umsicht verhegt.
jeder deut, jede lappalie zuseiten
gibt dem erdstrich dynamisch kontur.
auf den höhenlinien
20 fliegen sich zu hochsilos und kirchtürme.
hügelab schwingt auf
der anwuchs verweltlichter länderein.
das land kommt grün davon.

Wulf Kirsten: Die Erde bei Meißen. Gedichte. Suhrkamp Verlag, Frankfurt a. M. 1987, Seite 28.
Lizenzausgabe für die Bundesrepublik Deutschland, West-Berlin, Österreich und die Schweiz.
© Aufbau-Verlag, Berlin und Weimar 1970 und 1977.
Das Gedicht entstand 1970.
Wulf Kirsten, geb. 21.6.1934 in Klipphausen (Meißen)

Konvoi: Kolonne von zusammengehörenden, hintereinander fahrenden Fahrzeugen

7 Beschreibe das Gedicht:
– Worum geht es?
– Was wird bildhaft veranschaulicht?
– Wie tragen Wortwahl und Satzbildung zur Veranschaulichung bei?
– Beachte Kola und Enjambements im Hinblick auf die Sprechphasen.
– Welche Aussage steckt in der Überschrift, welche in der letzten Verszeile?
– Welchen Eindruck hinterlässt das Gedicht?

4 Klang und Bildlichkeit

Der **Klang** eines Gedichts entsteht
– durch **Vokale:**
  e und i wirken hell; a, o und u dunkel;
– durch **Konsonanten:**
  b, d und g z.B. wirken weich (binden, schwingen); k, p, t z.B. wirken hart (Krieg tötet); l, m, n, r, w erzeugen eine gleitende Bewegung (leise rieselt der Schnee);
– durch die Versausgänge (**Kadenzen**):
  einsilbige (stumpfe, männliche) Kadenzen mit einer reimenden Silbe (Rat/Tat; Geduld/Schuld) wirken härter als zweisilbige (klingende, weibliche) mit zwei reimenden Silben (geben/leben).

In Gedichten wird oft **bildlich** gesprochen. Folgende Möglichkeiten gibt es:

– **Personifikation:** Dinge, Lebewesen, Vorstellungen werden mit menschlichen Eigenschaften oder Fähigkeiten ausgestattet, z.B. „Gehen die Träume …/Mit leichten Füßen herein." (Georg Heym)

– **Vergleich:** (wie, als ob), z.B. „Künftige Tränen …/Wie Diamanten in Vitrinen" (Claire Goll)

– **Metapher:** Zwei Bildbereiche werden in einen neuen, ungewohnten Zusammenhang gebracht. Im Unterschied zum Vergleich fehlt eine Vergleichspartikel, z.B. „Die Gestade des Himmels …/ Zergehen in Wind und Licht." (Georg Heym)

– **Chiffre:** Ursprünglich Zeichen einer Geheimschrift, die nach einem bestimmten „Schlüssel" gebildet wird. Sie kann nur mit der Kenntnis des Schlüssels entziffert, „dechiffriert" werden. In der modernen Lyrik ist die Chiffre eine besondere Form des lyrischen Bildes, ein „Zeichen", dessen Bedeutung nur aus dem Textzusammenhang erschlossen werden kann.

Reiner Kunze: Die liebe

Die liebe
ist eine wilde rose in uns
Sie schlägt ihre wurzeln
in den augen,
5 wenn sie dem blick des geliebten begegnen
Sie schlägt ihre wurzeln
in den wangen,
wenn sie den hauch des geliebten spüren
Sie schlägt ihre wurzeln
10 in der haut des armes,
wenn ihn die hand des geliebten berührt
Sie schlägt ihre wurzeln,
wächst wuchert
und eines abends
15 oder eines morgens
fühlen wir nur:
sie verlangt
raum in uns

Die liebe
20 ist eine wilde rose in uns,
unerforschbar vom verstand
und ihm nicht untertan
Aber der verstand
ist ein messer in uns

25 Der verstand
ist ein messer in uns,
zu schneiden der rose
durch hundert zweige
einen himmel

Reiner Kunze: gespräch mit der amsel. Fischer Verlag, Frankfurt a. M. 1984, Seite 7 f. Dieser Band enthält „frühe gedichte", entstanden in den fünfziger Jahren und 1960 – 1962.
Reiner Kunze, geb. 16. 8. 1933 in Oelsnitz im Erzgebirge

1 Was ist das Thema dieses Gedichts?

2 Untersuche die Metaphern (sie sind eingerahmt):
– Aus welchen Bereichen sind sie entnommen, in welche übertragen?
– Wie ist die Bildlichkeit konsequent fortgeführt? Ergänze die nebenstehende Zeichnung.
– Beachte den Aufbau des Gedichts. Was bewirken die Verszeilen 3, 6, 9 und 12?

3 Die erste Strophe lässt sich in zwei größere Sinnabschnitte aufteilen: 1 bis 11 und 12 bis 18:
Deute vom zweiten Sinnabschnitt her mit Rückbezug auf den ersten Reiner Kunzes Aussage über die Liebe. Beachte dabei Wortwahl, Wiederholung, Alliteration, Doppelpunkt.

4 Erkläre den Zusammenhang der letzten Strophe mit den vorangehenden.

5 Während einer Dichterlesung in Freiburg sagte Kunze – inzwischen über 50 Jahre alt – in selbstironisierender Weise sinngemäß: „…und in früheren Jahren schrieb ich so etwas." Dann trug er das Gedicht vor. Würdest du dieses Gedicht in eine Sammlung schönster deutscher Liebesgedichte aufnehmen oder nicht? Begründe deine Antwort.

6 Beschreibe das Gedicht.

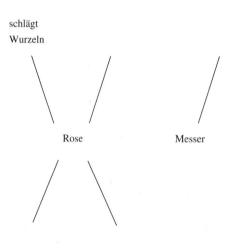

Durch die Konjunktion „aber" ist wohl angedeutet, dass der Verstand die Liebe gefährden kann; doch die letzte Strophe zeigt, dass …

Georg Heym: Alle Landschaften

Alle Landschaften haben
Sich mit Blau erfüllt.
Alle Büsche und Bäume des Stromes,
Der weit in den Norden schwillt.

5 Leichte Geschwader, Wolken,
Weiße Segel dicht,
Die Gestade des Himmels dahinter
Zergehen in Wind und Licht.

Wenn die Abende sinken
10 Und wir schlafen ein,
Gehen die Träume, die schönen,
Mit leichten Füßen herein.

Zymbeln lassen sie klingen
In den Händen licht.
15 Manche flüstern und halten
Kerzen vor ihr Gesicht.

Georg Heym: Gesammelte Gedichte. Verlag der Arche, Zürich 1947, Seite 112.
Georg Heym, geb. 30.10.1887 in Hirschberg in Schlesien, ertrunken im Wannsee bei Berlin am 16.1.1912

Zymbel: Zimbel, Zimbal, mit Hämmerchen geschlagenes Hackbrett, Vorläufer des Cembalos, bei den Römern eine Art kleines Becken = tellerförmige Metallscheiben, die gegeneinander geschlagen werden; aber auch: Orgelregister mit sehr heller Klangfarbe

7 Ergänze die nebenstehende Textbeschreibung.

Im Gedicht „Alle Landschaften" von Georg Heym wird von Gedanken und Empfindungen gesprochen …
Von einer sommerlichen Landschaft ist in den ersten beiden Strophen die Rede. Es entsteht jedoch kein festgefügtes Bild. Das Verschwimmen in einer Unendlichkeit wird schon im Wort „alle" deutlich: Mehr als der Sprecher des Gedichts übersehen kann, ist gemeint. In den Versen 3 und 4 …
Die zweite Strophe ist von Metaphern bestimmt. Wolken erscheinen wie Geschwader (im Verband fliegende Flugzeuge) und wie Segel. Wiederum zeigt sich ein Verfließen …
Von der Unendlichkeit des Tages wandern Gedanken zu Abend und Schlaf mit Träumen, die in den Strophen 3 und 4 personifiziert werden: Sie bewegen sich …
Eine weiche, sanfte Bewegung durchzieht das Gedicht, gestützt auf die klingenden Kadenzen der ersten und dritten Verszeile in jeder Strophe, die meist mit „n" schließen, und auf den gleich bleibenden, wiegenden Rhythmus.
Beim lauten Lesen fällt der Reichtum der Vokale auf …
Sie lassen das Gedicht klingen.
Heyms Gedicht scheint mir …

Peter Gan: An den Mond

Silberne Blume der Nacht,
wandernde Lampe der Welt,
unter die Sterne gestellt,
Liebenden leuchtend gesellt,
5 nimm ihr Gelübde in Acht!

Pomeranze aus Gold,
riesige, tauchst du empor,
strahlende, gehst du hervor.
Senke den seidenen Flor,
10 sei den Vergessenden hold!

Ampel aus Güte und Schein,
lächelnde, milde gesinnt;
aber die Liebenden sind
eingeschlafen und blind,
15 und du wandelst allein.

Peter Gan: Windrose. Atlantis Verlag Dr. M. Hürlimann, Freiburg 1958 (zuerst 1935), Seite 13.
Das Gedicht entstand zwischen 1925 und 1935.
Peter Gan, eigentlich Richard Moering, geb. 4.2.1894 in Hamburg, gest. am 6.3.1974 ebd.

Pomeranze: orangefarbene, apfelsinenähnliche Zitrusfrucht
Flor: feines, durchsichtiges Gewebe

8 Beschreibe das Gedicht von Peter Gan.
Stelle dabei die sprachlichen Bilder in den Mittelpunkt.

Günter Eich: Wo ich wohne

Als ich das Fenster öffnete,
schwammen Fische ins Zimmer,
Heringe. Es schien
eben ein Schwarm vorüberzuziehen.
5 Auch zwischen den Birnbäumen spielten sie.
Die meisten aber
hielten sich noch im Wald,
über den Schonungen und den Kiesgruben.

Sie sind lästig. Lästiger aber sind noch
10 die Matrosen
(auch höhere Ränge, Steuerleute, Kapitäne),
die vielfach ans offene Fenster kommen
und um Feuer bitten für ihren schlechten Tabak.

Ich will ausziehen.

Günter Eich: Botschaften des Regens. Suhrkamp Verlag, Frankfurt a. M. 1955, Seite 31.
Günter Eich, geb. 1.2.1907 in Lebus an der Oder, gest. 20.12.1972 in Salzburg

9 Überprüfe nebenstehende Äußerungen.
Welche Antwort hältst du für angemessen? Begründe.

– Das ist ein Unsinngedicht. Im Wald fliegende Fische gibt es nicht.
– Irgendetwas scheint den Sprecher des Gedichts zu beunruhigen. Es ist ihm „lästig".
– Matrosen, Steuerleute, Kapitäne und Fische gehören zum gleichen Bedeutungsfeld. Fische sind also so etwas wie ein Mitbringsel der Seeleute.
– Was immer die Chiffre der ins Zimmer schwimmenden Fische bedeuten mag: Wichtig ist doch nur die Aussage, dass das lyrische Ich es in seiner Wohnung nicht mehr aushält.
– Fische ersetzen einfach Herbstblätter, die durch die Luft und ins geöffnete Fenster wirbeln.

Die zweite Aussage ist dem Text angemessen, die erste nicht. Die drei folgenden Äußerungen regen zum Weiterdenken an.

10 Wie hat Günter Eich das Bild (die Chiffre) der ins Zimmer schwimmenden Fische ausgeführt?
Inwiefern beziehen sich die konkreten Angaben auf Wirklichkeit?
Wie könnten die Gedanken von der ersten zur zweiten Strophe gelangt sein?

11 Welche Schlussfolgerung zieht der Sprecher?
In welcher Beziehung steht sie zur Überschrift?

Johannes Bobrowski: Der Wanderer

Abends,
der Strom ertönt,
der schwere Atem der Wälder,
Himmel, beflogen
5 von schreienden Vögeln, Küsten
der Finsternis, alt,
darüber die Feuer der Sterne.

Menschlich hab ich gelebt,
zu zählen vergessen die Tore,
10 die offenen. An die verschlossenen
hab ich gepocht.

Jedes Tor ist offen.
Der Rufer steht mit gebreiteten
Armen. So tritt an den Tisch.
15 Rede: Die Wälder tönen,
den eratmenden Strom
durchfliegen die Fische, der Himmel
zittert von Feuern.

Johannes Bobrowski: Gesammelte Werke, Band 1. Deutsche Verlags Anstalt, Stuttgart 1987, Seite 88.
© Union Verlag, Ost-Berlin.
Johannes Bobrowski, geb. 9. 4. 1917 in Tilsit, gest. 2. 9. 1965 in Ost-Berlin

12 Lies das Gedicht laut.
Welches Sprechtempo erscheint dir als angemessen?

13 Beschreibe den Klang, den die Vokale erzeugen. Beachte dabei Unterschiede, z. B. zwischen den Verszeilen 1 und 5 oder 14 und 16.

14 Beschreibe das Gedicht als Gedankenweg des „Wanderers", der als Sprecher im Gedicht kenntlich wird.

Günter Eich: Wetterhahn

Wetterhahn,
klirrendes Krähn,
welche Gefahren
sind zu erspähn?

5 Wallender Rauch
um Antennendraht,
Isolatoren
am Ziegelgrat,

blähende Blusen
10 zum Trocknen gehängt,
Taubenflug
um die Traufe geschwenkt,

Schneewirbel und
Regentropf.
15 Es schwillt der Kamm
am Eisenkopf,

es klirren die Sporen,
vom Westwind gedreht,
der Wetterhahn
20 die Wolke bekräht.

Günter Eich: Gesammelte Werke, Band I: Die Gedichte. Suhrkamp Verlag, Frankfurt a. M. 1973, Seite 39 f.
Günter Eich, geb. 1. 2. 1907 in Lebus (Oder), gest. 20. 12. 1972 in Salzburg

15 Worum geht es in dem Gedicht?
(Was sieht der Wetterhahn, wie reagiert er?)

16 Wie sind die Strophen gebaut?
(Satzbau? Bilder? Klang? Reimbindung?)

17 Was mag wohl Günter Eich bewogen haben, ein Gedicht über den Wetterhahn zu schreiben?
(Beachte die beiden letzten Verszeilen.)

Peter Hacks: Die Lerche

Du singst ja noch für uns, mein Tier,
Und wirst von uns nicht mehr besungen?
Nein, nimm dies Blatt von mir.
Von unser beider starken Zungen
5 Wird Wald und Feld, und was nicht hören will, durchdrungen,
Wir wissen, Vogel, du und ich, wie fest
Es sich, ein Punkt im Leeren, stehen läßt.

Ihr, gelbe Kiefern, auch, ihr zeigt uns doch
Die Echsenschönheit eurer Borke noch,
10 Der krummen Zweige alten Eigensinn.
Mir scheint, als ob ich euch zu sehen übrig bin.
Die Dichtung schaut so wenig hin,
Als ob es leicht wär, sich in nichts als Sand zu krallen
Und beim Getos des Süd nicht umzufallen.

15 Ich sag euch, was es ist: ihr seid zu stolz für die,
Wie ihr, bei Erden Ungunst, aufwärts strebt.
Was man am Menschen schilt, mag man an euch nicht leiden.
Ihr überlebtet viel. Ihr überlebt
Am Ende wohl die neueste Poesie.
20 Wollt euch indes mit meinem Gruß bescheiden.

*Peter Hacks: Lieder Briefe Gedichte. Verlag Neues Leben,
Ost-Berlin 1974. © Aufbau-Verlag, Berlin und Weimar.
Zitiert nach: Die eigene Stimme, Lyrik der DDR.
Aufbau-Verlag, Berlin und Weimar 1988, Seite 172.
Peter Hacks, geb. 21. 3. 1928 in Breslau*

Einem Schüler sind die eingerahmten Verszeilen aufgefallen. Er meinte, es müsse sich um ein Gedicht über Dichtung oder über den Dichter handeln.

18 Überprüfe diese Deutung.

19 Welche Verbindungen werden deutlich zwischen dem Sprecher und der Lerche?
Notiere auch, wie die Gemeinsamkeiten sprachlich kenntlich werden, z. B.: Was ist jeweils durch gleichen Reim zusammengebunden?

20 Inwiefern erkennt der Sprecher sich in den Kiefern wieder?

21 Beschreibe das Gedicht im Zusammenhang.

5 Motive

Tages- oder Jahreszeiten (Morgen, Abend, Frühling, Herbst) oder oft erlebte Situationen und Empfindungen (Abschied und Wiederkehr, Sehnsucht und Resignation) können Anlass sein zum Schreiben von Gedichten. Sie sind typische Motive der Lyrik. Der Begriff „Motiv" ist abgeleitet vom lateinischen Wort „motivus" = antreibend.
Ein Motiv bestimmt Aufbau und sprachliche Gestaltung eines Gedichts, vor allem die Wahl der Bilder. (Zu Bildlichkeit siehe Kasten Seite 12.)

Gertrud Kolmar: Aquarium

Immer wieder an ein Glas zu stoßen,
Immer wieder sich im Kreis zu drehn,
<u>Statt geschmückt in wunderbaren, großen,
Lebenden Gewässern hinzuwehn.</u>

5 Immer wieder sich an schalen Happen
Wohl zu tun im laulich dumpfen Tang,
<u>Statt mit kleinem, buntem Maul zu schnappen
Grünes Licht und kühlen, frischen Fang.</u>

Immer wieder Härte anzufühlen,
10 Fahlen Sandes eine dünne Schicht,
<u>Statt dem tiefen Grunde sich zu wühlen</u>
An das braune, wärmende Gesicht.

Immer wieder Strand mit bösen Dingen,
Da das Fischlein krank und kämpfend liegt,
15 Wenn es heftig, unbedacht im Springen,
Seine karge Heimat überfliegt.

Nur ein rasch gehemmtes Auf und Nieder,
Kurze Blitze, links und rechts geschnellt,
Immer wieder, ach, und immer wieder
20 Kennt ein Ende diese kleinste Welt!

In den Fernen lagern schwarze Teiche,
Stirbt ein regenbogener Quellenfall,
Führt das weite Strömen seine Leiche
In ein Grab von fliehendem Kristall.

25 Auch die Fische mögen heimlich <u>träumen,</u>
Was ihr Herz wie Menschenbrust befreit:
<u>Klare blaue Welle und das Schäumen
Süßer Meere der Unendlichkeit.</u>

Gertrud Kolmar: Weibliches Bildnis. Sämtliche Gedichte. dtv, München 1987, Seite 164 f.
Erstveröffentlichung in: Das lyrische Werk. Kösel Verlag, München 1960.
Gertrud Kolmar, geb. 10.12.1894 in Berlin; im Frühjahr 1943 in ein Konzentrationslager deportiert, Ort und Datum des Todes unbekannt

1 Formuliere mit Hilfe der Kennzeichnungen im Text und der Erklärungen im Kasten auf Seite 17 das Motiv des Gedichts.

2 Kennzeichne die Kontraste dieses Gedichts.

3 Kennzeichne alle Wörter, die sich auf „Ferne" beziehen.

4 Schreibe die Adjektive/Partizipien, die sich auf Enge und Weite beziehen, zum Vergleich nebeneinander.

5 Notiere deine Beobachtungen zu weiteren Gestaltungsmerkmalen, z. B. Sprechbewegung, Wechsel von betonten und unbetonten Silben, Stropheneinteilung, Reimbindung (siehe Abschnitte 2–4).

6 Beschreibe das Gedicht im Zusammenhang. Nenne als Antwort auf die Frage „Worum geht es?" zunächst das Motiv und beschreibe danach die Gestaltung. Schließe mit deinem Gesamteindruck.

Hilde Domin: Noch gestern

Dies Frühjahr ist wie ein Herbst,
ein Abschiednehmen
von allem was kommt.
Das Karussell
5 fährt vorbei.
Das Karussell mit den großen Tieren.
Nie wieder
wirst du mitfahrn
und warst doch noch gestern
10 eins von den Kindern die mitfahren müssen.
Du wirst die Geste noch machen,
fast alle machen ja nichts als die Geste,
Leben heißt höflich sein,
kein Spielverderber.
15 Du ißt das Eis, das man dir in die Hand gibt,
du lächelst, weil alle lächeln,
fast alle machen die Geste der Freude
für die andern.
Gestern hast du gelacht,
20 weil du gelacht hast.
Du mußt es weiter tun,
du darfst niemand enttäuschen.
Viele Tage werden auch blau sein,
es gibt immer
25 blaue Tage
wo Lachen leichter ist,
beinah wie früher –
beinah.
Keiner außer dir kennt die kleine Linie,
30 den Strich auf dem Boden,
den riesigen Strom,
den du nie mehr
überquerst.

Hilde Domin: Nur eine Rose als Stütze. S. Fischer Verlag, Frankfurt a. M. 1959. Zitiert nach: Hilde Domin: Gesammelte Gedichte. S. Fischer Verlag, Frankfurt a. M. 1987, Seite 148 f. Hilde Domin, eigentlich Hilde Palm, geb. 27. 7. 1912 in Köln

Geste: Gebärde, z. B. Ausdruck des Gesichts, unwillkürliche oder bewusste Bewegung der Hände

7 Notiere für die Beschreibung dieses Gedichts zunächst deine Beobachtungen zu Gestaltungselementen im Hinblick auf das Motiv (siehe Kennzeichnung im Text):
– Durch welches sprachliche Mittel führt Hilde Domin das Motiv ein?
– Wie konkretisiert sie es (vgl. Zeile 4 ff.)?
– Welche Bedeutung hat die „Geste" für die Ausgestaltung des Motivs?
– Inwiefern wirkt Zeile 28 besonders wehmütig? (Achte auf den Gedankenstrich am Ende der Zeile 27.)
– Deute die Bilder ab Zeile 29, auch das Du, das in vielen Verszeilen erscheint.

8 Beschreibe das Gedicht im Zusammenhang.
– Formuliere zunächst das Motiv. Berücksichtige dabei auch die Überschrift.
– Beschreibe, wie das Motiv ausgestaltet ist.
– Berücksichtige auch den Satzbau und die Zäsuren im Text, die die Sprechweise bestimmen.
– Schreibe über deinen Gesamteindruck.

Ingeborg Bachmann: Freies Geleit

Mit schlaftrunkenen Vögeln
und winddurchschossenen Bäumen
steht der Tag auf, und das Meer
leert einen schäumenden Becher auf ihn.

5 Die Flüsse wallen ans große Wasser,
und das Land legt Liebesversprechen
der reinen Luft in den Mund
mit frischen Blumen.

Die Erde will keinen Rauchpilz tragen,
10 kein Geschöpf ausspeien vorm Himmel,
mit Regen und Zornesblitzen abschaffen
die unerhörten Stimmen des Verderbens.

Mit uns will sie die bunten Brüder
und grauen Schwestern erwachen sehn,
15 den König Fisch, die Hoheit Nachtigall
und den Feuerfürsten Salamander.

Für uns pflanzt sie Korallen ins Meer.
Wäldern befiehlt sie, Ruhe zu halten,
dem Marmor, die schöne Ader zu schwellen,
20 noch einmal dem Tau, über die Asche zu gehn.

Die Erde will ein freies Geleit ins All
jeden Tag aus der Nacht haben,
dass noch tausend und ein Morgen wird
von der alten Schönheit jungen Gnaden.

Ingeborg Bachmann: Gedichte, Erzählungen, Hörspiele, Essays.
R. Piper Verlag, München 1964, Seite 59 f.
Ingeborg Bachmann, geb. 25.6.1926 in Klagenfurt, gest. 17.10.1973 in Rom

9 Vervollständige die nebenstehende Beschreibung durch weitere Einzelbeobachtungen am Gedicht.

...
In der Brockhaus-Enzyklopädie steht, dass Ingeborg Bachmanns Lyrik gekennzeichnet sei durch eine bildhafte Sprache und dass in ihrer Lyrik das Gefühl der Existenzbedrohung des Ichs zum Ausdruck komme.
Mir scheint, dass beides auch für dieses Gedicht zutrifft.
Motiv dieses Gedichts ist der erwachende Tag, der nur Gutes und nichts Bedrohliches verspricht. In mehreren Bildern zeigt Ingeborg Bachmann den neuen Tag. ...
Das Gefühl des Bedrohtseins wird in der dritten Strophe deutlich. ...
Eindringlich, appellierend ist ihre Wortwahl: „Die Erde will (...)" (Zeile 21), „Wäldern befiehlt sie (...)" (Zeile 18). Die Dichterin erreicht dadurch ...
...

Helmut Heißenbüttel: Heimweh

nach den Wolken über dem Garten in Papenburg
nach dem kleinen Jungen der ich gewesen bin
nach den schwarzen Torfschuppen im Moor
nach dem Geruch der Landstraßen als ich 17 war
5 nach dem Geruch der Kommissspinde als ich Soldat war
nach der Fahrt mit meiner Mutter in die Stadt Leer
nach den Frühlingsnachmittagen auf den Bahnsteigen der Kleinstädte
nach den Spaziergängen mit Lilo Ahlendorf in Dresden
nach dem Himmel eines Schneetags im November
10 nach dem Gesicht Jeanne d'Arcs in dem Film von Dreyer
nach den umgeschlagenen Kalenderblättern
nach dem Geschrei der Möwen
nach den schlaflosen Nächten
nach den Geräuschen der schlaflosen Nächte
15 nach den Geräuschen der schlaflosen Nächte

Helmut Heißenbüttel: Kombinationen. Bechtle Verlag, Esslingen 1954.
Helmut Heißenbüttel, geb. 21.6.1921 in Rüstringen (heute Stadtteil von Wilhelmshaven)

10 Vervollständige die nebenstehende Beschreibung des Gedichts.

…
Das Motiv Heimweh konkretisiert sich in der Aufzählung von Räumen, in denen der Sprecher gelebt hat, und Personen, denen er in früheren Zeiten begegnet ist: …
Jede Verszeile enthält …
Die Wiederholung am Ende des Gedichts gibt den „Geräuschen der schlaflosen Nächte" besonderes Gewicht. Von hier aus lässt sich erschließen, was Heißenbüttel zu diesem Gedicht veranlasst haben mag: …

6 Spiegelung von Weltsicht und Gesellschaftskritik

Rose Ausländer: Glauben

Ich glaube an die Wunder
dieser Welt und der unendlichen
unbekannten Welten

Ich glaube
5 an das Wunder der Träume
Träume im Schlaf
und im Wachen

Ich glaube an die Wunder
der Worte
10 die in der Welt wirken
und die Welten erschaffen

Ich glaube
an dich
Lebensbruder

Rose Ausländer: Mutterland. Literarischer Verlag Braun, Lyrikspectrum 10, Köln 1978, Seite 5.
Rose Ausländer, geb. 11.5.1901 in Czernowitz, heute Tschernowzy, gest. 3.1.1988 in Düsseldorf

1 Die Kennzeichnungen weisen dir einen möglichen Weg zur Beschreibung dieses Gedichts. Inwiefern spiegelt sich eine Weltsicht? Beschreibe des Gedicht im Zusammenhang.

Peter Härtling: An einen Freund

Der unverbrauchte Tag   von vornherein negative Sicht
will bitter werden –   Antithese: unverbraucht – bit-
nimm deine Gedanken   ter
nicht zurück, doch
5 spare sie auf und
versuche zu reden
von leichteren Dingen,
vielleicht von der   Widerspruch:
Eiszeit, die unsere   Eiszeit – leichteres Ding?
10 Enkel erwartet und
von der Freundlichkeit weniger
unter Wölfen.   Ist das menschliche
Dann lass uns   Zusammenleben so
verständig   negativ zu sehen?
15 schweigen.

Peter Härtling: Anreden, Gedichte aus den Jahren 1972–1977. Luchterhand Verlag, Darmstadt und Neuwied 1977, Seite 8.
Das Gedicht entstand 1977.
Peter Härtling, geb. 13. 11. 1933 in Chemnitz

2 Ergänze die Beobachtungen.
Ordne sie.
Beschreibe des Gedicht.
Beginne mit der Antwort auf die Frage:
Worum geht es in diesem Gedicht?

Christa Reinig: Gott schuf die Sonne

ich rufe den wind
wind antworte mir
ich bin sagt der wind
bin bei dir

5 ich rufe die sonne
sonne antworte mir
ich bin sagt die sonne
bin bei dir

ich rufe die sterne
10 antwortet mir
wir sind sagen die sterne
alle bei dir

ich rufe den menschen
antworte mir
15 ich rufe – es schweigt
nichts antwortet mir

Christa Reinig: Sämtliche Gedichte. Verlag Eremiten-Presse, Düsseldorf 1984, Seite 59. Zuerst in: Christa Reinig: Die Steine von Finisterre. Verlag Eremiten-Presse, Stierstadt 1960; erweiterte Auflage Düsseldorf 1974.
Das Gedicht entstand 1960.
Christa Reinig, geb. 6. 8. 1926 in Berlin

3 Inwiefern zeigt sich in diesem Gedicht Gesellschaftskritik?

4 Kennzeichne wie in den vorangegangenen Gedichten auffällige Stellen, z. B. Wiederholungen und Entgegensetzungen.

5 Wie wirkt die Überschrift, auf die Strophen 1 bis 3 bezogen? Wie wirkt sie, bezogen auf die Strophe 4?

6 Beschreibe das Gedicht.
– Beantworte zunächst die Frage: Worum geht es?
– Beschreibe anschließend die Strophen 1 bis 3 im Unterschied zu Strophe 4.
– Schließe mit deinen Gedanken zur Überschrift.

Christoph Meckel: Was dieses Land betrifft

Was dieses Land betrifft: Hier ist kein Ort, für die Zeit
die kommt, einen Grundstein zu setzen. Dies ist kein Ort
für mehr als ein Dasein in Kälte, ausgeschieden
einsilbig und überstimmt. Wenn dein Knochen wandert
5 in dir auf der Suche nach Leben und ausbricht, hungrig
nach Freude und Zukunft, aber zurückkehrt
ruhlos, weltwund, todnah – wo ist der Genosse
ohne Vertrag, der Bruder ohne Berechnung? Wer hat
seinen Traum nicht zertrampelt oder verkauft, seine Sprache
10 nicht abgestimmt auf jedermanns Vorschrift und Vorteil?
Wer hat seinen Kopf nicht eingezogen, wer schleicht nicht
mit halber Sonne unter dem Hut in sein Loch
wo die Ohnmacht Staub ansetzt und die Liebe,
ein Haustier, sich ausschläft. Wo ist ein Mensch
15 der Handschellen weder trägt noch anlegt, wo ist
der Ort, für die Zeit die kommt, einen Grundstein zu setzen?

Hier bleibst du stehn und lässt dir nicht sagen: verschwinde.

Christoph Meckel: Wen es angeht. Gedichte. Verlag Eremiten-Presse, Düsseldorf 1974, Seite 33.
Christoph Meckel, geb. 12.6.1935 in Berlin

7 Löse folgende Aufgabengruppen, denen du weitere Einzelbeobachtungen hinzufügen kannst:
– Worüber wird im Gedicht gesprochen?
– Welche Haltung des Sprechers wird deutlich?
– Welche Bedeutung hat die Überschrift?
– Formuliere in einem Satz dein Textverständnis.
– Mit welcher Absicht hat Meckel wohl seinen Text geschrieben? Beachte die zwei letzten Zeilen.
– Untersuche den Aufbau der Verszeilen 1 bis 16. Denke dabei an Kapitel 2 und 3. Das führt dich zur Untersuchung von Satzbildung und Wortwahl und der weiteren sprachlichen Mittel.
– Welche Funktion erfüllen die sprachlichen Bilder?

8 Beschreibe den Text.

Ein Charakteristikum moderner Lyrik ist das sehr kurze Gedicht. In vielen solcher Gedichte spiegelt sich auch, wie der Autor die Welt, die Menschen sieht.

9 Beschreibe und deute die Gedichte von Reiner Kunze und Ernst Schönwiese.

Reiner Kunze: Unter sterbenden Bäumen

Wir haben die erde gekränkt, sie nimmt
ihre wunder zurück

Wir, der wunder
eines

Reiner Kunze: eines jeden einziges leben. gedichte. S. Fischer Verlag, Frankfurt a. M. 1986, Seite 53.
Reiner Kunze, s. o. Seite 13

Ernst Schönwiese:

Die einzige Tugend heißt:
Vertrauen.

Trotz allem, was dagegen spricht,
und wenn der Kopf die unerschütterlichsten
Gegenbeweise auf den Tisch legt.

Einfach um der Freude willen.

Ernst Schönwiese: Antworten in der Vogelsprache. Gedichte. Limes Verlag, Wiesbaden und München 1987, Seite 72.
Ernst Schönwiese, geb. 6.1.1905 in Wien

Zweiter Teil: Erzählende Texte beschreiben

1 Erzähler und Erzählweisen

> Ziel des Erzählens ist, Wirklichkeit literarisch zu gestalten.
> Unterschiedliche **Erzählweisen** sind möglich:
> Der Autor der Geschichte erfindet einen Erzähler oder verzichtet auf ihn, indem er die Personen seiner Geschichte selbst auftreten und erzählen lässt. Der Leser erfährt dann so viel, wie die erzählende Person wissen kann.
> Wenn ein „Ich" in der Erzählung erscheint, handelt es sich meist auch um eine erfundene Erzählerfigur, nicht um den Autor selbst.
>
> Der Erzähler kann sich neutral verhalten und dem Leser das Geschehen ohne ausdrückliche Kommentare und Wertungen vor Augen führen. Er kann aber auch seine Sicht deutlich werden lassen: z. B. ironisch oder humorvoll, ernst oder heiter, nüchtern und realistisch, rational oder emotional. Er kann das Geschehen unterschiedlich kommentieren, Urteile direkt vermitteln. Er kann auktorial (allwissend) erzählen.

Wolfdietrich Schnurre: Das Geschöpf

In unserem Dorfe wohnt ein seltsames Wesen. Es trägt nur ein Hemd und hat Haare wie Stroh. Es ist barfuß und stumm. Noch niemand hat es gelassen einhergehen sehen, immer rennt es mit fliegendem Atem, immer duckt sichs und schiebt es sich zitternd an den Hauswänden entlang, immer überquert es in lautlosen Wildkatzensprüngen die Plätze. Es wohnt nirgends, Es schläft, wo es müde wird. Es isst, wo es Hunger befällt; und es wird sterben, wo der Tod es erreicht: am Bach unten, im Dorf oben, im Wald, auf den Feldern, im Regen, im Schnee. Niemand hasst das Geschöpf, niemand liebt es, man zuckt die Schultern vor ihm und lässt es gewähren. Und niemand weiß auch, ob es Mann oder Frau ist.

Oft trifft man es bei den merkwürdigsten Verrichtungen. Einmal versucht es, an einem nebligen Novembermorgen dem Krämer das Schaufenster blank zu lecken; ein andermal schirrt es den Zughund des Milchjungen aus und spannt sich selbst vor den Wagen. Dann wieder kniet es weinend im Wald vor einer Ameisenburg und bemüht sich, sie nachzuerschaffen; und beim Ausschroten des Mehls hat jüngst der Müller beobachtet, wie es eine geschlagene Stunde lang die Schatten eines Bussardpaars übersprang, das vor der Sonne seine Spirale zog. Es scheint überhaupt, als sei es nur im Dorfe so scheu; im Wald und auf den Feldern gebärdet sichs ruhiger.

Nun haben wir vor kurzem einen neuen Bürgermeister bekommen. Er ist sehr tüchtig; und er mag nicht, dass das Geschöpf so herumläuft. „Man muss ihm helfen", sagt er, „man muss es von sich erlösen". Und er hat ihm eine Mütze mit einem blanken Schild aufgesetzt und ihm einen Besen gegeben, mit dem soll es die Dorfstraße fegen.

Wir haben alle gewusst, wie es kommt. Aber was hätte es für einen Sinn gehabt, es dem Bürgermeister zu sagen? Wir sind ja nicht klüger als er; nur, wir wissen Bescheid. Und richtig, am Tage darauf schon lagen Besen und Mütze vor seiner Türe, und zeigte er sich von nun an im Dorf, gleich stürzte aus einem Winkel hervor das Geschöpf, warf sich zu Boden und küsste wie besessen die Erde vor ihm. Es wiederholte dies die ganzen drei Wochen hindurch, die jener sich daraufhin noch im Amt zu bleiben bemühte. Dann hatte die Dankbarkeit des Geschöpfs ihn so ausgehöhlt, dass er um seine Entlassung einkommen musste. Und noch vor dem Gespann, das ihn krank und gebrochen in die Stadt zurückbrachte, warf sich das Geschöpf in den Staub.

Wolfdietrich Schnurre: Rapport des Verschonten. Verlag der Arche, Zürich 1968, Seite 21–25. © Marina Schnurre, Berlin
Zeichnung: W. Schnurre

Wolfdietrich Schnurre, geb. 22.8.1920 in Frankfurt a.M., gest. 9.6.1989 in Kiel.

1 Vervollständige den folgenden ersten Versuch einer Textbeschreibung.

Denke bei der Textzusammenfassung an die Prinzipien der Inhaltsangabe: Präsens, keine Nacherzählung, keine wörtlichen Übernahmen, sondern Zusammenfassen des Geschehens unter übergeordneten Aspekten, indirekte Rede, keine Ich-Form.

Daten	Wolfdietrich Schnurre ( ) veröffentlichte seine Erzählung „ " in dem Band „Rapport des Verschonten", erschienen ...
Kernaussage	In der Erzählung geht es um ...
Inhalt/ Aufbau	Ein Ich erzählt von einem „seltsamen Wesen". Im ersten und zweiten Abschnitt werden sein Aussehen und seine Verhaltensweisen dargestellt: ... Die Außenwelt verhält sich dem „Geschöpf" gegenüber ... Der kürzere dritte Abschnitt ... Von den Reaktionen des Geschöpfes auf die Initiative des neuen Bürgermeisters erfährt der Leser etwas im letzten Abschnitt. ...
Erzählweise	Anscheinend als neutraler Beobachter stellt der Ich-Erzähler dem Leser das Geschehen vor. Schon im ersten Abschnitt zeigen sich aber Überzeichnungen: die „lautlosen Wildkatzensprünge" (Zeile 6 f), die angebliche Unkenntnis der Bewohner ... Der Kontrast zwischen der nüchternen Sprache und dem zur Groteske überzeichneten Handlungsverlauf wird immer größer: ...
Deutung	Das stark überzeichnete, völlig unangemessene Reagieren der Umwelt auf einen Außenseiter lassen Schnurres Absicht erkennen, ...

2 Überprüfe deine Formulierung der Kernaussage.

Gelegentlich ließ Wolfdietrich Schnurre seine Gedanken auch so „spazieren gehen":

Sprache. Ausziehen. Aus der Wohnung. Die Hose. Den Tisch. Aus dem Plenarsaal. Den Zahn. Etwas aus einem Buch. Um das Gruseln zu lernen. Aus Ägypten. Radieschen.

Wolfdietrich Schnurre: Der Schattenfotograf. Ullstein Buch Nr. 26042. Frankfurt a. M. 1981, Seite 324.

3 Beschreibe den Text.

Ror Wolf: Entdeckung hinter dem Haus

Hinter meinem Haus habe ich jetzt einen Teich entdeckt. Ich erinnere mich nicht, ihn früher dort gesehen zu haben, aber gestern, bei einem Abendspaziergang, stand ich plötzlich vor ihm. Ich sprang, nachdem ich in die Hose gefahren, in die Schuhe getreten, in die Jacke geschlüpft war, mit einem Satz aus der Tür und sah ihn liegen. Ich hatte die Hintertreppe genommen, die Tür aufgestoßen, da lag er, mit seinen schönen weit ausschwingenden Rundungen, vom Mondlicht beschienen. Ich hörte in diesem Moment das Anschlagen der Wellen und das Geschrei der Möwen, die über ihn hinstrichen, das Quaken der Frösche im Röhricht, das Schmatzen der Fische, die über den Wasserspiegel hinaussprangen und zurückfielen. Mit einem Sprung aus der Tür stand ich vor ihm und dachte, wobei ich den Geruch von Teichrosen einsog und den Hut, den ich bei meinen Spaziergängen nicht vergesse, abnahm: Gewiss, es ist kein großer Teich, das ist richtig, aber er hat doch, wenigstens für meine Vorstellungen, überraschende Ausmaße. Ich wundere mich, dass ihn außer mir niemand bemerkt zu haben scheint. Meine Nachbarn reden nicht davon, sie gehen herum mit ihren Gesichtern, die Hände um die Hosenträger gekrallt, kauen ihre Sonnenblumenkerne und führen, nach dem Ausspucken, die üblichen Gespräche von den Ereignissen in der Nachbarstadt, ohne dem Naheliegenden Beachtung zu schenken.
[…]

Ror Wolf: Ausflug an den vorläufigen Rand der Dinge. Prosa 1957 bis 1976. Sammlung Luchterhand 737. Darmstadt 1988, Seite 7. Ausschnitt.
Ror Wolf, geb. 29. 6. 1932 in Saalfeld

4 Halte dich bei der Beschreibung dieses Textes an die Untersuchungsschritte, die du bei der Textbeschreibung zu Wolfdietrich Schnurres Erzählung kennen gelernt hast. Ergänze die nebenstehende Beschreibung.

Daten …
Kernaussage …
Inhalt/Aufbau *Ein Ich-Erzähler bemerkt in seiner unmittelbaren Umgebung, hinter seinem Haus, einen Teich, den er bisher nie gesehen hat. Seinen Nachbarn bleibt dieser Teich verborgen; denn …*
Erzählweise *Die plötzliche Entdeckung wird als spannendes Ereignis dargestellt: „Plötzlich" wird das bisher Übersehene wahrgenommen. In großer Eile läuft das Ich auf den seltsamen Teich zu, der zugleich den Charakter eines Meeres hat; denn … Im Kontrast zum aufgeregten Verhalten des Ichs steht das Verhalten der Nachbarn. …*
Deutung *In der Formulierung „ohne dem Naheliegenden Beachtung zu schenken" scheint mir ein Schlüssel zur Deutung zu liegen. …*

5 Formuliere nun endgültig die Kernaussage.

Ror Wolf: Hinaufsteigen

Hinaufsteigen. Plötzlich hinaufsteigen in die Luft aus dem Gewühl heraus, plötzlich mit Schwung aus der Kabine heraus hinauf in die Luft steigen, plötzlich heraus aus der Ferne kommen, das Leder über das Land schlagen, weit über den trockenen Boden, in dieser atemlosen Stille im Sprung in die Luft aufwärts nach oben steigen, sich krümmen, zusammenziehen und ausstrecken, plötzlich über der Erde flach traumhaft fliegen, der Wind ist verstummt, plötzlich das Blei aus den Beinen schütteln und prachtvoll über den Flügel kommen, dem Schatten entwischen, unheimlich schnell heranbrausen, plötzlich mit zwei drei Zügen von hinten heraus über die Mauer hinweg unwiderstehlich hinaufsteigen, ganz allein eine Zeit in der Luft liegen, eiskalt ohne Sorgen hinaufsteigen, mit dem Wind in die Luft fliegen samstags in letzter Minute, die Aussichten gut, und plötzlich hoch in die Wolken steigen, auf und davon, das ist es, was ich noch sagen wollte.

6 Beschreibe, wie dieser Text aus den Vorstellungen von Fußball und Fußballspieler gestaltet ist.

Ror Wolf: Punkt ist Punkt, Alte und neue Fußballspiele. suhrkamp taschenbuch 122. Frankfurt a. M. 1973, Seite 152.

Johannes Bobrowski: Litauische Geschichte

Das ist Škuodas. Eine Ortschaft mit Steinhäusern, vor dem Wald. Die Bartuva kommt herein mit Wiesen um sich herum. Und das ist der See, in den sie ihr helles Wasser bringt. Dort steht die Holzbrücke, noch eben vor der
5 Mündung, denn die Straße läuft dicht am Seeufer hin, gleich hinter dem Schilf.

Hier wird der Bettler gestanden haben, ein alter Mann, Morkus gerufen, jeden Abend, um ein paar erbettelte Groschen ins Wasser zu werfen. Der See sollte sich über
10 die Ufer heben. Er soll sich anstrengen, und er soll etwas dafür haben, Groschen für Groschen, er soll über das Ufer treten, das ist nicht leicht, und bis in die Straßen kommen und vor das große Haus, wo der Zarengeneral wohnt, leise bis an die Treppe und dann mit großem Schwall herum um
15 das Haus, über die Zäune. Da sitzt der General oben auf der Terrasse, schwarz und rot um das Gesicht, der Teufel, und hat es nicht gleich gemerkt, und jetzt kann er nicht fort, überall ist das Wasser, und nichts wird ihn hinwegtragen über das Brausen und Schäumen, ersaufen wird er mit
20 seinem Haus, denn er ist aus Eisen.

Jeden Abend, bis du tot warst, Morkus.
Er ist auf den Friedhof gegangen und hat sich zwischen den Gräbern ausgestreckt. Das Wasser ist nicht gekommen. Die Groschen haben nicht gereicht.
Der Eiserne ist irgendwann umgekommen, in seinem Bett, 25 weil ihm der Himmel die Blattern angehängt hat. Dann ist er verrostet, irgendwo in der Erde, unter einem krummen Mauerwerk und einer kupfernen Platte. Und nach ihm ist es auch bald aus gewesen mit dem Zaren. In dem Jahr hat es Feuer gegeben in Škuodas, und wer sich zu fürchten 30 hatte, hat sich gefürchtet und ist davongelaufen. Dann hat man den Wald geschlagen, bis über die Hänge hinauf, und Häuser gebaut bis an die Wassermühle. Das ist Škuodas am Bartuvaflüsschen. Dort weiß man noch von Morkus und seinen Groschen, erbettelt auf den litauischen Straßen 35 und in den See geworfen, Abend für Abend.

Johannes Bobrowski: Gesammelte Werke, hrsg. von Eberhard Haufe, Band 4: Die Erzählungen. Vermischte Schriften und Selbstzeugnisse. Deutsche Verlags Anstalt, Stuttgart 1987, Seite 41 f.
Der Text entstand 1962.
Johannes Bobrowski, geb. 9. 4. 1917 in Tilsit, gest. 2. 9. 1965 in Ost-Berlin

---

7 Beschreibe die Geschichte in Schritten, die du bisher kennen gelernt hast.
Stelle dar, was geschieht und wie der Erzähler dem Leser das Geschehen nahe bringt.

Marc Chagall (1887–1985): Die Straße (als Tuschezeichnung: Meine Eltern); Peter Willi – Artothek, Berlin. © VG Bild-Kunst, Bonn 1997.

2 Aufbau und Personengestaltung

> Das Zusammentreffen mehrerer Figuren (Personen) und das Geschehen in Raum und Zeit bestimmen häufig den Aufbau (die Gliederung) eines Erzähltextes. Beim Beschreiben des Aufbaus sollte das deutlich werden.
> Arbeitsfragen sind:
> – Wie viel Erzählschritte lassen sich feststellen? Stimmen die Erzählschritte mit den Abschnitten überein?
> – Wie beginnt, wie endet die Erzählung?
> – Hat die Handlung einen Höhepunkt?
> – Gibt es einen Wendepunkt, von dem aus das Geschehen in eine neue Richtung verläuft?
> – Wird chronologisch (in zeitlicher Reihenfolge) erzählt oder wendet der Autor die Technik der Rückblende oder der Vorausdeutung an?

Siegfried Lenz: Die Nacht im Hotel

Der Nachtportier strich mit seinen abgebissenen Fingerkuppen über eine Kladde, hob bedauernd die Schultern und drehte seinen Körper zur linken Seite, wobei sich der Stoff seiner Uniform gefährlich unter dem Arm spannte. „Das ist die einzige Möglichkeit", sagte er. „Zu so später Stunde werden Sie nirgendwo ein Einzelzimmer bekommen. Es steht Ihnen natürlich frei, in anderen Hotels nachzufragen. Aber ich kann Ihnen schon jetzt sagen, dass wir, wenn Sie ergebnislos zurückkommen, nicht mehr in der Lage sein werden, Ihnen zu dienen. Denn das freie Bett in dem Doppelzimmer, das Sie – ich weiß nicht aus welchen Gründen – nicht nehmen wollen, wird dann auch einen Müden gefunden haben."

„Gut", sagte Schwamm, „ich werde das Bett nehmen. Nur, wie Sie vielleicht verstehen werden, möchte ich wissen, mit wem ich das Zimmer zu teilen habe; nicht aus Vorsicht, gewiss nicht, denn ich habe nichts zu fürchten. Ist mein Partner – Leute, mit denen man eine Nacht verbringt, könnte man doch fast Partner nennen – schon da?"

„Ja, er ist da und schläft."

„Er schläft", wiederholte Schwamm, ließ sich die Anmeldeformulare geben, füllte sie aus und reichte sie dem Nachtportier zurück; dann ging er hinauf.

Unwillkürlich verlangsamte Schwamm, als er die Zimmertür mit der ihm genannten Zahl erblickte, seine Schritte, hielt den Atem an, in der Hoffnung, Geräusche, die der Fremde verursachen könnte, zu hören, und beugte sich dann zum Schlüsselloch hinab. Das Zimmer war dunkel. In diesem Augenblick hörte er jemanden die Treppe heraufkommen, und jetzt musste er handeln. Er konnte fortgehen, selbstverständlich, und so tun, als ob er sich im Korridor geirrt habe. Eine andere Möglichkeit bestand darin, in das Zimmer zu treten, in welches er rechtmäßig eingewiesen worden war und in dessen einem Bett bereits ein Mann schlief.

Schwamm drückte die Klinke herab. Er schloss die Tür wieder und tastete mit flacher Hand nach dem Lichtschalter. Da hielt er plötzlich inne: Neben ihm – und er schloss sofort, dass da die Betten stehen müssten – sagte jemand mit einer dunklen, aber auch energischen Stimme:

„Halt! Bitte machen Sie kein Licht. Sie würden mir einen Gefallen tun, wenn Sie das Zimmer dunkel ließen."

„Haben Sie auf mich gewartet?", fragte Schwamm erschrocken; doch er erhielt keine Antwort. Stattdessen sagte der Fremde:

„Stolpern Sie nicht über meine Krücken, und seien Sie vorsichtig, dass Sie nicht über meinen Koffer fallen, der ungefähr in der Mitte des Zimmers steht. Ich werde Sie sicher zu Ihrem Bett dirigieren: Gehen Sie drei Schritte an der Wand entlang, und dann wenden Sie sich nach links, und wenn Sie wiederum drei Schritte getan haben, werden Sie den Bettpfosten berühren können."

Schwamm gehorchte: Er erreichte sein Bett, entkleidete sich und schlüpfte unter die Decke. Er hörte die Atemzüge des anderen und spürte, dass er vorerst nicht würde einschlafen können.

„Übrigens", sagte er zögernd nach einer Weile, „mein Name ist Schwamm."

„So", sagte der andere.

„Ja."

„Sind Sie zu einem Kongress hierher gekommen?"

„Nein. Und Sie?"

„Nein."

„Geschäftlich?"

„Nein, das kann man nicht sagen."

„Wahrscheinlich habe ich den merkwürdigsten Grund, den je ein Mensch hatte, um in die Stadt zu fahren", sagte Schwamm. Auf dem nahen Bahnhof rangierte ein Zug. Die Erde zitterte, und die Betten, in denen die Männer lagen, vibrierten.

„Wollen Sie in der Stadt Selbstmord begehen?", fragte der andere.

„Nein", sagte Schwamm, „sehe ich so aus?"

„Ich weiß nicht, wie Sie aussehen", sagte der andere, „es ist dunkel."

Schwamm erklärte mit banger Fröhlichkeit in der Stimme:

„Gott bewahre, nein. Ich habe einen Sohn, Herr ... (der andere nannte nicht seinen Namen), einen kleinen Lausejungen, und seinetwegen bin ich hierher gefahren."

„Ist er im Krankenhaus?"

„Wieso denn? Er ist gesund, ein wenig bleich zwar, das mag sein, aber sonst sehr gesund. Ich wollte Ihnen sagen, warum ich hier bin, hier bei Ihnen, in diesem Zimmer. Wie ich schon sagte, hängt das mit meinem Jungen zusammen. Er ist äußerst sensibel, mimosenhaft, er reagiert bereits, wenn ein Schatten auf ihn fällt."

„Also ist er doch om Krankenhaus."

„Nein", rief Schwamm, „ich sagte schon, dass er gesund ist, in jeder Hinsicht. Aber er ist gefährdet, dieser kleine Bengel hat eine Glasseele, und darum ist er bedroht."

„Warum begeht er nicht Selbstmord?", fragte der andere. „Aber hören Sie, ein Kind wie er, ungereift, in solch einem Alter! Warum sagen Sie das? Nein, mein Junge ist aus folgendem Grunde gefährdet: Jeden Morgen, wenn er zur Schule geht – er geht übrigens immer allein dorthin – jeden Morgen muss er vor einer Schranke stehen bleiben und warten, bis der Frühzug vorbei ist. Er steht dann da, der kleine Kerl, und winkt, winkt heftig und freundlich und verzweifelt."

„Ja und?"

„Dann", sagte Schwamm, „dann geht er in die Schule, und wenn er nach Hause kommt, ist er verstört und benommen, und manchmal heult er auch. Er ist nicht imstande, seine Schularbeiten zu machen, er mag nicht spielen und nicht sprechen: Das geht nun schon seit Monaten so, jeden lieben Tag. Der Junge geht mir kaputt dabei!"

„Was veranlasst ihn denn zu solchem Verhalten?"

„Sehen Sie", sagte Schwamm, „das ist merkwürdig: Der Junge winkt, und – wie er traurig sieht – es winkt ihm keiner der Reisenden zurück. Und das nimmt er sich so zu Herzen, dass wir – meine Frau und ich – die größten Befürchtungen haben. Er winkt, und keiner winkt zurück; man kann die Reisenden natürlich nicht dazu zwingen, und es wäre absurd und lächerlich, eine diesbezügliche Vorschrift zu erlassen, aber ..."

„Und Sie, Herr Schwamm, wollen nun das Elend Ihres Jungen aufsaugen, indem Sie morgen den Frühzug nehmen, um dem Kleinen zu winken?"

„Ja", sagte Schwamm, „ja."

„Mich", sagte der Fremde, „gehen Kinder nichts an. Ich hasse sie und weiche ihnen aus, denn ihretwegen habe ich – wenn man's genau nimmt – meine Frau verloren. Sie starb bei der ersten Geburt."

„Das tut mir Leid", sagte Schwamm und stützte sich im Bett auf. Eine angenehme Wärme floss durch seinen Körper; er spürte, dass er jetzt würde einschlafen können.

Der andere fragte: „Sie fahren nach Kurzbach, nicht wahr?"

„Ja."

„Und Ihnen kommen keine Bedenken bei Ihrem Vorhaben? Offener gesagt: Sie schämen sich nicht, Ihren Jungen zu betrügen? Denn, was Sie vorhaben, Sie müssen es zugeben, ist doch ein glatter Betrug, eine Hintergehung." Schwamm sagte aufgebracht: „Was erlauben Sie sich, ich bitte Sie, wie kommen Sie dazu!" Er ließ sich fallen, zog die Decke über den Kopf, lag eine Weile überlegend da und schlief dann ein.

Als er am nächsten Morgen erwachte, stellte er fest, dass er allein im Zimmer war. Er blickte auf die Uhr und erschrak: Bis zum Morgenzug blieben ihm noch fünf Minuten, es war ausgeschlossen, dass er ihn noch erreichte.

Am Nachmittag – er konnte es sich nicht leisten, noch eine Nacht in der Stadt zu bleiben – kam er niedergeschlagen und enttäuscht zu Hause an.

Sein Junge öffnete ihm die Tür, glücklich, außer sich vor Freude. Er warf sich ihm entgegen und hämmerte mit den Fäusten gegen seinen Schenkel und rief:

„Einer hat gewinkt, einer hat ganz lange gewinkt."

„Mit einer Krücke?", fragte Schwamm.

„Ja, mit einem Stock. Und zuletzt hat er sein Taschentuch an den Stock gebunden und es so lange aus dem Fenster gehalten, bis ich es nicht mehr sehen konnte."

Erstveröffentlichung in: Deutsche Prosa. Erzählungen seit 1945. Sonderreihe dtv, hrsg. von Horst Bingel. Deutsche Verlags Anstalt, Stuttgart 1965, Seite 45–47. © Hoffmann & Campe, Hamburg. Siegfried Lenz, geb. 17. 3. 1926 in Lyck/Ostpreußen

Kladde: hier: Geschäftsbuch für vorläufige Eintragungen

---

1 Die folgende Beschreibung mit Angaben zum Aufbau und Inhalt ist unvollständig. Ergänze sie.

Wie in Kurzgeschichten üblich, wird der Leser ohne Einleitung in ein Geschehen hineingezogen. Ein Herr Schwamm fragt in einem Hotel nach einem freien Zimmer. Er muss sich für ... entscheiden. Der Leser weiß noch nicht, worauf das Ganze hinzielt (Zeile 1 – 23).

Mit dem letzten Satz der Zeile 23 schließt der erste und beginnt der zweite Sinnabschnitt. Er reicht bis zur Zeile ... und erfasst die neue Situation: Herr Schwamm sucht sein Zimmer auf.

Wie zu erwarten, begegnet Herr Schwamm in seinem Zimmer einem Gast. Der dritte Sinnabschnitt enthält das Gespräch zwischen beiden (Zeile ... bis Zeile ...). Dieser große Sinnabschnitt kann unterteilt werden; denn ...

Mit der Reaktion Schwamms auf die Anschuldigung des Fremden, „(...) was Sie vorhaben, (...) ist doch ein glatter Betrug, eine Hintergehung", schließt dieser Sinnabschnitt. Noch immer weiß der Leser nicht, wie die Erzählung enden wird. Für Schwamm endet das Geschehen zunächst in Niedergeschlagenheit und Enttäuschung (Zeile 141-148). In dieser Stimmung kehrt er nach Hause zurück. Zeile 149 bedeutet einen Wendepunkt im Erzählvorgang, der den Höhepunkt andeutet: Schwamm trifft zu Hause einen überglücklichen Jungen an.

Die Zeile 153 zeigt dem Leser, dass Schwamm das Geschehen sofort richtig deutet; denn der Mann mit der Krücke ...

Im Gespräch zwischen den beiden Hotelgästen wird das zentrale Anliegen der Geschichte deutlich: ...
Die beiden Männer werden nur in groben Zügen als individuelle Gestalten gezeigt:
Der erste Gast hat allein die Aufgabe, etwas aufdringlich zu fragen, damit der Leser den Beweggrund des Herrn Schwamm für seine kurze Reise erfährt. Der Gast erweist sich schließlich – fast unerwartet – als hilfsbereit.
Herr Schwamm ...
Der Lohn ...

Gerold Späth: Im Regen

Im Regen steht breitbeinig ein mittelgrosser knochiger alter Mann unter seinem schwarznassen Schirm; er steht breitbeinig in seiner altmodischen Lodenpelerine am Strassenrand, hat einen grauen Filzhut auf und winkt und
5 hat einen Rucksack schlapp zwischen seinen Bergschuhen liegen und winkt: Mitfahren möchte er.
Warum nicht? denkt der junge Mann im Auto und hält an.
„Vergelt's Gott. Nur bis zum Bahnhof, das sind ungefähr vier Kilometer. Sonst erwische ich den Zug nicht mehr.
10 Ich bin spät dran, und umsteigen muss ich auch noch", sagt der Alte und steigt umständlich ein mit seinem Rucksack und dem triefenden Schirm, während der Autofahrer einen Koffer über die Lehne des rechten Vordersitzes hebt und auf den Rücksitz plumpsen lässt.
15 Der Alte stellt den Schirm zwischen seine Knie. „Wenn Sie da Eier in Ihrem Koffer haben, dann sind jetzt alle kaputt", sagt er und kichert und kratzt sich unterm Hut. Der andere grinst. „Klar!", sagt er. „Alles voll Eier!" Er greift vor der Brust des Alten zur Autotürklinke hinüber,
20 zieht den Schlag zu, fährt weiter.
„Ich bin drum bei meinem zweitältesten Sohn gewesen, er wohnt da eine Halbstund ob dem Tal, sie wirten, er hat das Restaurant umgebaut, mit Aussichtsterrasse für die Touristen jetzt und Kiosk und im einen Teil mit Selbst-
25 bedienung, ich habe sieben Kinder, vier Söhne und drei Mädchen, alle verheiratet bis auf den Jüngsten. Sie auch?"
„Wie meinen Sie? Ach so, nein, das hat noch Zeit", sagt der andere.
30 Der Alte kichert wieder. „Sicher, es ist dann immer noch früh genug, so geht es allen, will's Gott."
Der Wagen ist voll vom Geruch des durchnässten Lodenstoffes.

„Ich hab ein Gütlein gehabt, jetzt ist mein Ältester drauf, aber er geht auch noch in die Fabrik, er hat drei Kinder. 35
Ich helfe ihm aus, es gibt immer etwas zu tun. Die andern sind alle in der Stadt. Der Jüngste ist jetzt vierundzwanzig. Was sagen Sie zu dem Mord da hinten im Wald, vorgestern?"
„Mord? Davon habe ich nichts gehört." 40
„Sie sind wahrscheinlich nicht von hier?", sagt der Alte.
„Nein", sagt der andere.
„Ah, drum wissen Sie's nicht. Eine Frau, noch ziemlich jung. Die ist da einfach totgeschlagen worden."
„So. Ja heutzutage ..." 45
„Ja", sagt der Alte, „die ist da einfach im Wald totgeschlagen worden. Was sagen Sie zum Wetter."
„Was kann man da sagen?"
„Phuuu! Ein Sauwetter!", sagt der Alte. Er klemmt den Schirm zwischen seinen Knien fest und reibt die Hände 50
gegeneinander. „Aber es wird besser, schon bald, ich merk's. So wie es aussieht, würde es mich nicht wundern, wenn's in der Nacht komplett umschlägt. Morgen können wir das schönste Wetter haben."
„Vergelt's Euch der Herrgott vergelt's Gott und gute Fahrt 55
auch", sagt er beim Aussteigen.
Der junge Mann am Steuer lächelt. „Auf Wiedersehen", sagt er.
Der Alte klemmt seinen schlappen Rucksack unter den linken Arm und sagt: „Jaja, vergelt's Gott", und winkt mit 60
der rechten Hand zum Seitenfenster herein.
So ein halbheiliger Geissenbauer! denkt der junge Mann, seiner Lebtag eine Stube voll Kinder und nichts zu fressen, aber sicher ein Kruzifix in jedem Winkel und immer vergelt's Gott, vergelt's Gott, und ganz sicher einmal ein 65
strammer Soldat gewesen, zu Befehl!, zu Befehl!, und kommt nie dahinter, dass sich die Bonzen und die Pfaffen den Ranzen voll über ihn lachen.
„Ja, vergelt's Gott, Sie mir auch, ja, du mir auch!", sagt er und schaut kurz in den Rückspiegel und sieht geradeaus 70
und gibt Gas.

Gerold Späth beschreibt Typen:

2 Welche Vorstellung gewinnt der Leser während des Dialogs vom „alten Mann"?

3 Setze dich mit dem Urteil des „jungen Mannes" im vorletzten Abschnitt auseinander.

4 Beschreibe den Text im Zusammenhang:
Daten, Kernaussage, Dialog als Gestaltungsmittel, Inhalt des Dialogs, wertende Bemerkungen des jungen Mannes und deine Stellungnahme dazu.

Gerold Späth: Die heile Hölle. Roman. Verlag der Arche, Zürich 1974, Seite 225–227.
Gerold Späth, geb. 16.10.1939 in Rapperswil am Oberen Zürichsee

Anmerkung: In der Schweiz wird kein ß geschrieben, sondern ss.

Margret Steenfatt: Im Spiegel

„Du kannst nichts", sagten sie, „du machst nichts", „aus dir wird nichts." Nichts. Nichts. Nichts.
Was war das für ein NICHTS, von dem sie redeten und vor dem sie offentsichtlich Angst hatten, fragte sich Achim,
5 unter Decken und Kissen vergraben.
Mit lautem Knall schlug die Tür hinter ihnen zu. Achim schob sich halb aus dem Bett. Fünf nach eins. Wieder mal zu spät. Er starrte gegen die Zimmerdecke. – Weiß. Nichts. Ein unbeschriebenes Blatt Papier, ein ungemaltes
10 Bild, eine tonlose Melodie, ein ungesagtes Wort, ungelebtes Leben.
Eine halbe Körperdrehung nach rechts, ein Fingerdruck auf den Einschaltknopf seiner Anlage. Manchmal brachte Musik ihn hoch.
15 Er robbte zur Wand, zu dem großen Spiegel, der beim Fenster aufgestellt war, kniete sich davor und betrachtete sich: lang, knochig, graue Augen im blassen Gesicht, hellbraune Haare, glanzlos. „Dead Kennedy" sangen: „Weil sie dich verplant haben, kannst du nichts anderes tun als
20 aussteigen und nachdenken."
Achim wandte sich ab, erhob sich, ging zum Fenster und schaute hinaus. Straßen, Häuser, Läden, Autos, Passanten, immer dasselbe. Zurück zum Spiegel, näher heran, so nahe, dass er glaubte, das Glas zwischen sich und sei-
25 nem Spiegelbild durchdringen zu können. Er legte seine Handflächen gegen sein Gesicht im Spiegel, ließ seine Finger sanft über Wangen, Augen, Stirn und Schläfen kreisen, streichelte, fühlte nichts als Glätte und Kälte.
Ihm fiel ein, dass in dem Holzkasten, wo er seinen Kram
30 aufbewahrte, noch Schminke herumliegen musste. Er fasste unters Bett, wühlte in den Sachen im Kasten herum und zog die Pappschachtel heraus, in der sich einige zerdrückte Tuben fanden. Von der schwarzen Farbe war noch ein Rest vorhanden. Achim baute sich vor dem Spiegel auf und malte zwei dicke Striche auf das Glas, 35 genau dahin, wo sich seine Augenbrauen im Spiegel zeigten. Weiß besaß er reichlich. Er drückte eine Tube aus, fing die weiche ölige Masse in seinen Händen auf, verteilte sie auf dem Spiegel über Kinn, Wangen und Nase und begann, sie langsam und sorgfältig zu verstreichen. 40
Dabei durfte er sich nicht bewegen, sonst verschob sich seine Malerei. Schwarz und Weiß sehen gut aus, dachte er, fehlt noch Blau. Achim grinste seinem Bild zu, holte sich das Blau aus dem Kasten und färbte noch die Spiegelstellen über Stirn und Augenlidern. 45
Eine Weile verharrte er vor dem bunten Gesicht, dann rückte er ein Stück zur Seite, und wie ein Spuk tauchte sein farbloses Gesicht im Spiegel wieder auf, daneben eine aufgemalte Spiegelmaske.
Er trat einen Schritt zurück, holte mit dem Arm weit aus 50 und ließ seine Faust in die Spiegelscheibe krachen. Glasteile fielen herunter. Splitter verletzten ihn, seine Hand fing an zu bluten. Warm rann ihm das Blut über den Arm und tröpfelte zu Boden. Achim legte seinen Mund auf die Wunden und leckte das Blut ab. Dabei wurde sein 55 Gesicht rotverschmiert.
Der Spiegel war kaputt. Achim suchte sein Zeug zusammen und kleidete sich an. Er wollte runtergehen und irgendwo seine Leute treffen.

In: Augenaufnahmen. Siebentes Jahrbuch der Kinderliteratur, hrsg. von Hans-Joachim Gelberg. Beltz Verlag, Weinheim 1984, Seite 218 f
Margret Steenfatt, geb. 7.1.1935 in Hamburg

5 Verfasse einen ersten Abschnitt, der Angaben zu Autor und Titel macht und die Kernaussage formuliert.

6 Vervollständige die folgende Beschreibung.

Erzählt wird zu Beginn aus der Sicht des Achim. Er wiederholt, was er als Ergebnis aller Reden seiner Umwelt behalten hat: „Du kannst nichts (…)" (Zeile 1 f.) „Nichts" ist das häufigste Wort der ersten Zeilen.
Ab Zeile 3 wird ein Erzähler deutlich, der das Geschehen überblickt und seine Beobachtungen notiert: „Achim schob sich halb aus dem Bett" (Zeile 7). Fortgesetzt wird sogleich mit dem Gedanken Achims: „Fünf nach eins (…)" (Zeile 7). Es handelt sich um einen inneren Monolog des Jungen.
Nachdem Achim sich die Verurteilung durch seine Umwelt, in dem „sie" zusammengefasst, vor Augen gehalten hat, kommt er auf den Gedanken, sich selbst zu untersuchen. Er nimmt das Äußere wahr (Zeile 16 ff): …, urteilt aber wieder nicht selbst, sondern borgt sich ein Urteil: …

Der Erzähler beobachtet Achims weitere Handlungen und notiert sie genau: …
Wiederum hat Achim sich nicht selbst kennen gelernt: Die „aufgemalte Spiegelmaske" (Zeile 49) und das wie „ein Spuk" wirkende „farblose Gesicht" (Zeile 47/48) erscheinen im Spiegel nebeneinander.
Der Erzähler stellt noch Achims Kurzschlusshandlung vor … und schließt mit Achims Gedanken: …
Eine Einsicht über sich selbst hat Achim offenbar nicht gewonnen. „Irgendwo" sucht er „seine Leute", gibt anscheinend aber die Bemühung auf, sich selbst zu finden und dem „Nichts seiner Umwelt" sein Ich entgegenzusetzen.
Meiner Meinung nach …

Yvan Goll: [Ein Clown]

[…] Zerrissen bin ich, in zwei Hälften geteilt, ein Clown ohne jedes Verantwortlichkeitsgefühl, links schwarz, rechts weiß, der linke Arm und das rechte Bein schwarz, der rechte Arm und das linke Bein weiß. Oder vielmehr
5 der linke Arm weiß und das rechte … nein umgekehrt. Ich verwechsle meine Glieder, ich verwechsle die Himmelsrichtungen, ich verwechsle Ja und Nein. Ich predige die Menschengüte und kann die Ironie nicht verwinden. Was ich auch beginne, leugne ich mit einem Lachen
10 wieder ab. Und wer meinen Mund lächeln sieht, der ließe sich nicht träumen, dass meine Kehle vor Schluchzen erstickt.
Es ist schwer, mit mir zu verkehren. Die einen meinen, ich sei der geriebenste Abenteurer, die anderen, ein gütiger
15 Mönch. Ich tue nichts gegen die Verwirrung, im Gegenteil, ich trachte, sie nur zu vergrößern, und wahre dadurch mein Inkognito.
Es kommt mir auch nicht darauf an, Recht zu haben, ich gebe immer den anderen Recht. Nichts ist mir so wichtig, dass ich dessen Daseinsberechtigung durch eine 20 Diskussion bestätigen möchte. Ich schließe die Augen über dem Kram, und die andern meinen, ich bete. Ich drücke mir oft in Gesellschaft die Ohren mit den Zeigefingern zu, um mir die Komik und die Sinnlosigkeit ihrer wertlosen Gesten zu vergegenwärtigen. 25
[…]

Yvan Goll: Die Eurokokke. Roman. Argon Verlag, Berlin 1988, Seite 53. Ausschnitt. Der Titel des Ausschnitts ist nicht original. Der Roman erschien zuerst 1927.
Yvan Goll, geb. 29. 3. 1891 in Saint-Dié, gest. 27. 2. 1950 in Paris

7 Beschreibe den Text.

8 Schließe mit deiner Deutung des Textes.

Im Romanausschnitt von Yvan Goll stellt ein Ich sich vor: …
Die Zerrissenheit wird durch Gegensätze in jedem Satz deutlich. …
Den Grund für sein Verhalten nennt das Ich in Zeile … und im Schlusssatz. …

Ralf Rothmann: [Aus: Messers Schneide]

[…] Vor den Fahrkartenschaltern standen lange Schlangen Wartender. Zwei Türken in orangeroten Overalls fegten die Bahnhofshalle – der ältere, der einen dicken Schnauzbart hatte und eine wulstige Falte über der
5 Nasenwurzel, geübt und schnell, Bahn um Bahn; der jüngere, der glattrasiert war und eine modische Frisur trug, gelassen, fahrig, rauchend. Auch blieb er immer wieder stehen, um den Mädchen nachzuschauen. Der Alte ermahnte ihn mehrmals – nicht laut, aber es klang entnervt
10 und sorgenvoll, als stände ein Aufseher in der Nähe. Das schien den Jungen nicht zu interessieren; er lehnte den Besen an eine Säule, zog ein kleines Radio aus der Tasche und begann, das Kabel für den Kopfhörer zu entwirren. Nun schmiß der Alte den Besen hin, mit einem überra-
15 schend lauten Knall fiel der Stiel auf die Bodenplatten, die Wartenden drehten die Köpfe. Die Fäuste erhoben, rannte der Mann auf seinen Kollegen zu, der grinsend auswich, um sich sofort wieder das Radio ans Ohr zu halten. Da packte ihn der andere mit beiden Händen, riß ihn herum
20 und wrang ihm den Overall vor der Brust zusammen. Was glaubst du wo bist du, rief er und blickte schnell zu den Wartenden hin. In Tanzbar? Willst du dein Geld geschenkt, Kümmeltürk, und Kindergeld dazu? Der Junge neigte beschämt den Kopf und sagte etwas in ihrer gemeinsamen Sprache, das der Alte offenbar nicht hören 25 wollte; er packte ihn nur fester am Schlafittchen. Fegen sollst du, verstehst du kein Deutsch? Nein? Theatralisch entrüstet sah er die Wartenden an. Er versteht kein Deutsch, sagt er, das wird jetzt immer schöner. – Was willst du dann hier? Dicke Autos? Blonde Mädchen? 30 Disco? Der Junge, bei gesenktem Blick, grinste. Disco versteht er, schrie der Alte, hast du Töne! Disco, seine Heimat! Aber hier – er schlug sich an die Brust – im Herz, er stinkt nach Schafstall. Der ist so doof, den treten die Enten tot, der kann nicht fegen, wie alle Kurden. Sie krie- 35 gen kein Messer im Restaurant, weil sonst sie zerschneiden sich Gesicht. Hörst du? Sollen die Leute hier denken, alle Türken faul? Dann aber ab in die Pampas, meine Kleener! Wir sind Menschen wie jeder, wir haben Zahnschmerzen und Kaffee, wir haben Steuerklasse drei. 40 Kapier das oder hol dir Papiere. Keiner soll sagen Ausländersau; immer freundlich die Leute, eins A, du Kanake. – Willst du jetzt fegen? Er stemmte die Fäuste an die Hüften und wiederholte die Frage auf Türkisch; der Junge, dem der Kollege offenbar unheimlich wurde, nickte 45 zögernd; er sah ihm dabei in die Augen. – Na bitte – der Alte wendete sich an die Wartenden zu und kehrte die Handflächen vor: jetzt will er fegen. […]

9 Fasse zusammen, was im Textausschnitt geschieht. Beschreibe den Handlungsablauf.

10 Beschreibe, wie die Figuren dargestellt sind. Achte auf die Sprache, in der der Erzähler den Alten reden lässt.

11 Nimm Stellung zum Text.
Bedenke, dass beide Figuren Türken sind.

Ralf Rothmann: Messers Schneide. Erzählung. Suhrkamp Verlag, Frankfurt a. M. 1986, Seite 45–47. Ausschnitt.
Ralf Rothmann, geb. 10. 5. 1953 in Schleswig

Birgitta Arens: [Ein Brief]

[…] Eine Familie ist doch etwas Schönes, schreibt Papa und von der neuen Stelle. Chemie hat eine Zukunft und dass Leverkusen hässlich ist, kann er nicht sagen. Der Rhein in der Nähe und auch sonst.

Mama soll sich alles noch mal überlegen, auch wegen der Kinder, aber nicht zu lange warten. Eine Wohnung hat er schon in Aussicht. Drei Zimmer, Küche, Bad in einem richtigen Hochhaus. Sozialer Wohnungsbau: und legt auch gleich ein Foto bei.

Wie sich alles ändert. Vor fünfzig Jahren war Leverkusen noch ein kleines Fischerdorf. Und der Arbeiter ist auch nicht mehr derselbe.

Mir geht es soweit gut, schreibt Papa. Nur ist er immer müde. Und dass Mama doch bitte für ihn zum Arzt und das Folgende verschreiben lässt. Sie soll daran denken: die blauen Valium, nicht die gelben.

Gestern ist er einfach im Bett geblieben und hat den ganzen Tag gelesen: Unsere Werksbücherei hat über dreißigtausend Bände.

Gott gibt es, aber ganz anders als man früher gedacht hat. Überhaupt kann man fast alles berechnen, sogar im voraus, auch unser Leben, schreibt Papa: dann eine Seite Zahlen. Hätte er das früher gewusst, vieles wäre anders gekommen.

Wofür ist man auf der Welt, schreibt Papa. Das muss man wissen. Sonst kann man nicht leben. Und wie der Blick ist oben aus dem Hochhaus: Bei klarem Wetter sieht man bis zum Kölner Dom.

Nur die Löcher im Weltall, die kann man nicht berechnen. Und das macht natürlich das andere auch wieder unsicher.

Mama soll ihn nicht zu lange warten lassen. Eine Familie ist doch etwas Schönes, schreibt Papa. Und: Ich weiß es jetzt erst richtig zu schätzen. Vielleicht hat er sich nicht immer ganz richtig verhalten. Aber man muss auch vergessen können.

[…]

Birgitta Arens: Katzengold. Roman. R. Piper & Co. Verlag, München 1982, Seite 128 f. Titel des Ausschnitts nicht original. Birgitta Arens, geb. 16.11.1948 in Oeventrop/Arnsberg

Katzengold: goldgelb zersetzter Glimmer, also nicht echtes Gold (Mit Katzengold wird daher Falsches und Unechtes bezeichnet.)

12 Wie stellt Birgitta Arens die Hauptperson vor?

13 Worum geht es? Vergleiche Anfang und Schluss.

14 Welche menschlichen Beziehungen sind erkennbar?

15 Beschreibe den Text im Zusammenhang und schließe, indem du deinen Eindruck von der Gestaltungsweise des Textes zusammenfasst.

Thomas Bernhard:

DER VORZUGSSCHÜLER, dessen Leben mehr Methode hat als das Leben der Erwachsenen, träumt, daß er eine Rechenaufgabe nicht lösen kann und die Lösung auch dann noch nicht gefunden hat, als der Lehrer die Schulaufgaben einverlangt. Der Lehrer stellt den Vorzugsschüler in der Klasse zur Rede und droht ihm, seine Eltern von dem Vorfall zu benachrichtigen. Die Mitschüler sind voll Schadenfreude und stoßen den Vorzugsschüler, der körperlich ein Schwächling ist, in einen Kanal, aus dem er sich nur mit äußerster Anstrengung befreien kann. Am nächsten Tag getraut er sich gar nicht in die Schule hineinzugehen und bleibt zehn Minuten nach Schulbeginn unter dem Schultor stehen. Er macht kehrt und schwänzt. Er irrt in einem Park umher und wird dort plötzlich vom Schuldiener entdeckt, der den Vorfall in der Direktion meldet. Jetzt erwacht der Vorzugsschüler aus seinem Traum. Er stürzt schwitzend und halbnackt in das Schlafzimmer seiner Eltern. Aber so tief und mit welchen Mitteln sie auch in ihn eindringen, er sagt ihnen nicht den Inhalt seines Traums. Er weigert sich immer wieder, ihn zu erzählen.

Thomas Bernhard: Ereignisse. LCB-Editionen 12. Literarisches Colloquium, Berlin 1969, Seite 25.
Thomas Bernhard, geb. 9.2.1931 in Heerlen (Niederlande), gest. 12.2.1989 in Gmunden/Österreich

16 Wie erklärst du den Traum des Vorzugsschülers?

17 Wie erscheint in seinem Traum die personale Umwelt? Beachte die Wortwahl.

18 Inwiefern hängen das Leben nach „Methode" (also planmäßig) und der Angsttraum zusammen? Wie ist die im letzten Satz erzählte Weigerung zu erklären?

19 Beschreibe den Text im Zusammenhang.

3 Raum und Zeit

Möglichkeiten der **Zeitgestaltung** sind:
- chronologische Reihenfolge oder Umstellung,
- Raffung, Dehnung, Unterbrechung der Zeitabläufe,
- Aussparung ganzer Zeitspannen,
- Vorausdeutung und Rückwendung,
- verzögernde (retardierende) Momente.

Die **Erzählzeit** ist die Dauer des Erzählvorgangs (abhängig von der Zeilenzahl und dem Lesetempo des Lesers); die **erzählte Zeit** ist die Dauer des Geschehens.
Bei Handlungshöhepunkten bedienen sich die Autoren oft des **Tempuswechsels** vom Präteritum ins Präsens.
Zur **Raumgestaltung** gehören alle Angaben zum Schauplatz der Handlung, des Milieus.

Helga M. Novak: Abgefertigt

Der Zug fährt langsam. Er schlenkert. Der Zug fährt schnell. Er fährt durch eine Schonung. Er hält neben einem leeren Bahnsteig. Ein Lautsprecher sagt, die Reisenden werden gebeten, den Zug nicht zu verlassen. Zwei Männer in Uniform gehen durch die Wagen und sagen, Passkontrolle. Ein Mann und eine Frau, beide in Uniform, gehen durch die Wagen und sagen, füllen Sie bitte diesen Schein aus. Ein Mann in Uniform geht durch die Wagen und sagt, Ihr Visum bitte. Ein Ausländer sagt, ich habe kein Visum. Der Mann sagt, warum haben Sie kein Visum? Der Ausländer sagt, ich wusste nicht, dass. Der Mann sagt, kommen Sie bitte mit.
Der Mann in Uniform und der Ausländer gehen den Bahnsteig entlang und treten in ein Büro. Der Ausländer füllt ein Formular aus. Der Mann reißt von dem Formular einen Abschnitt ab, gibt ihn dem Ausländer und sagt, hier ist Ihr Visum. Der Ausländer geht am Zug entlang und in sein Abteil zurück. Die Reisenden blicken aus den Abteilfenstern und sehen den Ausländer an.

Zwei Männer, beide in Uniform und mit Maschinenpistole, gehen durch die Wagen und sagen laut in jedem Abteil, bitte mal heraustreten. Sie heben die Sitzbänke hoch. Sie treten mit den Füßen unter die Sitzbänke und heben die großen Koffer in den Gepäcknetzen an. Sie sagen laut, danke, und verlassen das Abteil. Sie reißen die Toilettentüren auf.
Eine Frau in Uniform geht durch die Wagen und sammelt die ausgefüllten Scheine ein. Sie sagt, gute Weiterreise.
Ein Mann in schmutziger Geländeuniform stellt sich draußen neben den Zug. Er hält einen langhaarigen Schäferhund an der Leine. Er macht ihn los. Der Hund sabbert. Er trägt einen Maulkorb. Der Mann nimmt ihm den Maulkorb ab.. Der Schäferhund duckt sich. Er kriecht unter den Zug. Er geht zwischen den Geleisen unter dem Zug entlang. Er schnüffelt. Der Mann in der Geländeuniform geht neben dem Zug her. Er stößt mit einer eisernen Stange unter den Zug. Der Hund kommt unter dem Zug hervor. Er schüttelt sich. Der Mann sagt, wirst du. Der Hund geht wieder unter den Zug.
Der Zug ist zu Ende. Ein Mann in Uniform ruft, fertig.
Der Zug fährt ab.
Der Zug fährt sehr schnell.
Er hält.
Zwei Männer in Uniform gehen durch die Wagen und sagen, Passkontrolle. Die Dampflokomotive wird abgekoppelt. Eine Diesellok wird angekoppelt.
Ein Mädchen geht durch die Wagen. Es hat einen langen, weißen Kittel an. Auf dem Kittel steht, Innere Mission. Es trägt eine Kanne vor sich her. Es ruft, Tee, Pfefferminztee, Tee. Es fragt, sind hier noch Rentner? Sein Haar ist auf dem Hinterkopf zu einem Knoten verschlungen. Ein junger Mann ruft, ja, hier. Das Mädchen lacht. Es verschüttet Tee. Es sagt, nein, nein, nein. Der junge Mann sagt, ich habe Durst. Das Mädchen sagt, ja, es ist sehr warm heute. Es geht weiter. Es ruft Tee, Pfefferminztee, Tee.
Der Zug fährt ab. Er fährt schnell. In den Abteilen wird geschwatzt. Eine Frau sagt, Zwillinge, das finde ich süß, dabei noch zwei Buben.

Helga M. Novak: Geselliges Beisammensein. Prosa. Luchterhand Verlag, Neuwied und Berlin 1968, Seite 18–20.
Helga M. Novak, geb. 8.9.1935 in Berlin

1 Welcher Raum, d. h. welche erzählte Welt und welche historische Wirklichkeit sind dargestellt? Von welchem Geschehen wird erzählt?

2 Welche Figuren treten auf? Welche Rolle spielen sie im Geschehen?

3 In welcher Zeit läuft das Geschehen ab? Wie ist die Zeit gestaltet?

4 Inwiefern steht der in Zeile 44 beginnende neue Geschehniszusammenhang antithetisch zum davorstehenden Teilgeschehen? Berücksichtige insbesondere Zeile 56 f.

5 Was erreicht Helga M. Novak mit ihrer Satzbildung?

6 Füge deine Antworten zu einer Beschreibung des Textes zusammen.
Mit deiner Antwort zur letzten Frage kannst du dein Gesamturteil zum Text zusammenfassen.

Christa Moog: Wieder der Norden

ein neuer Sommer, ein Nachtzug, der verspätet ankommt in Stralsund, die Mitropa geschlossen und kein Wartesaal, der uns aufnimmt, wir sitzen auf Taschen auf dem Bahnsteig, wo es irgendwann weiter nach Bergen geht, um uns Kinder mit Campingbeuteln und blassen Gesichtern aus Halle und Merseburg, es ist fünf Uhr morgens, es nieselt, und die Kälte kriecht uns in die Sachen, das ist die Stadt, aus der die Dampfer nach Hiddensee fuhren, wieder und wieder, und die ewig schöne Silhouette ihrer Kirchen, die wir im Schlaf aufmalen könnten, so wie jetzt, während wir über den Rügendamm fahren, wo die ersten Tramper mit Rucksäcken stehn, dicht an der Bahnstrecke Kühe, elektrische Melkanlagen im Freien, gelbe Felder, ein grauer Himmel, das flache Land mit dem Kirchturm von Bergen, der Busfahrer redet nicht viel, hat Musik im Radio, einen Schlager von Frank Schöbel, Trabis aus Sachsen kriechen vor uns her zwischen uralten Buchen zu beiden Seiten der F 96 (unter jeder ein Hünengrab?), die Dörfer haben hier slawische Namen, Parolen aus den fünfziger Jahren verwittern an den Scheunen, wieder sind die Häuser von Sellin dem Zerfall ein Stück näher, im Kino gegenüber vom Bahnhof in Baabe „Die Olsenbande" und „Plattfuß am Nil" wie voriges Jahr und vor zwei und drei Jahren. wenig Gemüse wie immer wird es geben, auf dem Zeltplatz stinkende Müllcontainer, Toiletten, die kaum benutzbar sind und selbst davor Schlangen, dann die Zeltgaststätte mit dem Fußboden aus Beton, wo man pro Glas fünf Mark Pfand bezahlt, das lange Gebäude die Zeltplatzleitung (wann werden Gasflaschen abgefüllt?), wir staksen durch Zeltschnüre, jeder Schritt eine Leine, die straff gespannt ist, endlich bleiben wir stehn, schütteln Luftmatratzen, Schlafsäcke, Töpfe in den Sand, raffen den Stoff übers wackelnde Gestänge, stehn unter krüppligen Kiefern, essen die letzten Brote von der Reise, der Sand ist noch nass vom letzten Regen, gelbes Gras auf der Düne, zertretene Zäune, es riecht nach Urin, ein verlassener Windschutz unten am Strand, der Seetang ist bis an die Burgen gespült, Zigarettenkippen, durchweichtes Papier, dann die Ostsee:
Möwen schaukeln auf den braunen, ruppigen Wellen ohne Ende, wie unsere Melancholie in diesem Moment.

Wieder der Norden. Ein neuer Sommer.

Christa Moog: Die Fans von Union. Geschichten. claassen-verlag, Düsseldorf 1985, Seite 66 f.
Christa Moog, geb. 30. 1. 1952 in Schmalkalden (Thüringen)

7 Durch welche Räume führt die Erzählung? Beachte genau, was auf der Fahrt gesehen und was erinnert wird.

8 Warum wohl hat Christa Moog den größten Teil ihres Textes in einem einzigen Satz erzählt?

9 Deute die letzten zwei Sätze auf den Gesamtzusammenhang bezogen und beschreibe von ihnen her den Text.

Franz Radziwill (1895–1983): Die Straße. 1928. Öl auf Leinwand, 80,5 x 87 cm. Besitzer: Museum Ludwig, Köln. Bildquelle: Rheinisches Bildarchiv, Köln. © VG Bild-Kunst, Bonn 1997.

Hans-Joachim Schädlich: Nacht, zweiter bis dritter August

Flüchtend mit anderen oder reisend. Angelangt in einem Haus, das von Flüchtenden verlassen ist. In einem großen, großfenstrigen Zimmer im ersten Stockwerk. Blick aus dem Fenster: Dunkelheit, Schnee. Der Heizkörper unter dem Fenster warm, gemäß einer Erwartung. Dennoch, aber zufrieden, verwundert. Gespräch mit jemandem. Der Versuch, das Heizkörperventil noch zu öffnen, gelingt. Der Heizkörper wird wärmer. Es kann etwas bewirkt werden, also. Anstalten treffend, auf der Flucht sich niederzulassen. Aber es fehlt Mobiliar. In der Nähe des Hauses aufgehäuft: Kartons, Regale, Gerätschaft. Gespräch mit jemandem inmitten der Gegenstände. Auf der Erde verschiedene Lampen, deren einige leuchten. Gespräch über die Brauchbarkeit einiger Gegenstände. Wenige Meter entfernt zwei Männer, die auch nach Brauchbarem suchen. Weit hinter dem Haus ein Wald, der zu brennen anfängt. Im Schein der Flammen Soldaten, die den Wald umstellt haben. Unvermittelt ein hohes Feuer nahe den aufgehäuften Kartons, Regalen, Gerätschaften. Jemand fordert dazu auf, in das Haus zurückzugehen. Im Erdgeschoss, vor geöffnetem Fenster. Die Soldaten wenden sich von dem brennenden Wald ab, laufen auf das Haus zu. Der Brand folgt ihnen. Vor ihnen, unweit des Hauses, erheben sich zwei Männer. Der eine, in langem Uniformmantel, hilft dem anderen vorwärts. Sie erreichen das Haus. Der Mann in langem Mantel kahl geschoren. Sein angestrengtes Gesicht nahe. Er schiebt den anderen über die Fensterbrüstung, klettert ins Zimmer. Die Soldaten haben das Haus erreicht. Sie klettern durch die Fenster ins Haus. Wer im Zimmer war, läuft hinaus, verlässt das Haus auf der dunklen Seite.

Hans-Joachim Schädlich: Ostwestberlin. Prosa. Rowohlt Verlag, Reinbek bei Hamburg 1987, Seite 56 f.
Zuerst in: Irgendetwas irgendwie. Zehn Texte. Bücherei „Der Rüsselspringer", Heft 5. BrennGlas Verlag, Assenheim 1984.
Der Text entstand 1981.
Hans-Joachim Schädlich, geb. 8. 10. 1935 in Reichenbach/Vogtland

10 Welche Situation ist dargestellt?
Welche Lebensverhältnisse werden angesprochen?

11 Aus welcher Perspektive erzählt Hans-Joachim Schädlich?

12 Welche sprachlichen Mittel verwendet er, um die Situation konkret abzubilden?
Welche Atmosphäre fängt er ein?
Inwiefern formuliert er ungewohnt?
Wie wirken seine Formulierungen auf den Leser?
Untersuche die Sätze mit Partizipien, Zeile 1 u. a. und die Satzfragmente (Ellipsen), Zeile 4 f. u. a. genauer.
Welche Funktion haben sie im Textganzen?
Wie wirken sie?
Wie wirken dagegen die vollständigen Sätze (z. B. in Zeile 8, 20 f., 21ff.)?

13 Was mag der Autor Schädlich mit der Verfremdung in Zeile 4 (in Bezug auf den Titel) bezwecken? Hat sein Erzähler das Geschilderte „tatsächlich" erlebt?

14 Inwiefern kann man den Text als Zeitdokument bezeichnen und den Autor Schädlich als einen Chronisten?

15 Beschreibe den Text im Zusammenhang.

Paul Schallück: In der Menge

Du bist durch die Stadt gegangen, über Straßen von hier nach dort, durch Gassen, ohne Absicht. Du hast Gesichter gesehen?
Viele, zu viele. Sie verschwimmen. Zehn waren eins. Tausend sind sich gleich. Womit herausfischen? Wie soll ich trennen?
Du erinnerst dich.
Flog einen Augenblick lang an mir vorbei. Kam mir vier Sekunden lang auf dem Zebrastreifen entgegen. Stand zehn Sekunden lang im Schaufensterspiegel. Sah es drei Sekunden lang, während ich überholte. Gewahrte es zwei Augenblicke lang …
Erinnere dich: Das eine war fröhlich, das andere war traurig; das eine war jung, das andere ängstlich; das eine war schön, das andere war alt; das eine war dick, das andere hager …
Jedes war hager und dick und alt und schön und ängstlich und jung und traurig und fröhlich zugleich, war hässlich und lebhaft, war hell und verschattet von einer Sekunde zur anderen, war fiebrig und ruhig, war gut und böse, als es vorbeiwischte.
Trotzdem: Denk an den Jungen und an den Herrn, erinnere dich der Zeitungsfrau und des Polizisten, vergegenwärtige das Plakatgesicht und das Mini-Mädchen, stelle dir vor den Gammler und die Negerin, rufe zurück das Liebespaar, die Bürgerin und die alte Frau.
Warum nicht die anderen? Warum nicht die von gestern? Warum nicht die von übermorgen?
Du musst dich entscheiden.
Für Einzelheiten? Was besagen: Augen, von denen ich nicht weiß, worüber sie gestern geweint haben; Ohren, von denen ich nie erfahren werde, ob sie rot werden bei Zoten; ein Kinn, von dem ich nicht ablesen kann, wie es vor dreißig Jahren aussah; ein Schnurrbart, der nicht verrät, wer ihn kantig schnitt; ein Lächeln, das tausendfach da ist; Wimpern, die den nicht denunzieren, für den sie klimpern; Gammlerhaare, die nicht petzen, warum sie wachsen; ein Mund, der mir nicht anvertraut, wer ihn morgen küssen will; Lippen, die nicht beichten, was sie in der Nacht flüstern werden; eine Nase, die nicht offenbart, welcher Geruch ihr zuwider ist; Falten, die von hundert Geschichten geschrieben sein können oder von den Jahren?
Versuch's trotzdem.
Als steckte im Teil ein Ganzes?
Nimm anderes hinzu.
Als machte die Summe ein Gesicht?
Denk darüber nach.
Als ließe sich's deuten? Als spiegele sich Charakter in Augen, Ohren, Kinn, Schnurrbart, Lächeln, Wimpern, Haaren, Mund, Lippen, Nase, Falten? Als mache ein Gesicht einen Menschen?
Woran erinnerst du dich?
An Wörter.

Paul Schallück: Bekenntnisse eines Nestbeschmutzers. Gesichter. Gesamtwerk, Band 5. Literarischer Verlag Braun, Köln 1977, S. 163 f. Der Text entstand 1967.
Paul Schallück, geb. 17.6.1922 in Warendorf (Westfalen), gest. 29.2.1976 in Köln

16 In dem Gedicht „Augen der Großstadt" (1931) von Kurt Tucholsky heißt es:

„Zwei fremde Augen, ein kurzer Blick,
die Braue, Pupillen, die Lider –
Was war das? Vielleicht dein Lebensglück …
Vorbei, verweht, nie wieder."

Inwiefern hat Paul Schallück ein ähnliches Thema verarbeitet?

17 Was hat der Erzähler beobachtet?

18 Wie wird der „Raum" Stadt in der Sprache deutlich?

19 Welche Wirkung haben die Großstadteindrücke auf den Erzähler?
Belege deine Antworten mit den sprachlichen Besonderheiten dieses Textes, z. B. Zeile 5 f., 13, 34 ff. u. v. a.

20 Beschreibe den Text im Zusammenhang.

Peter Weiss: [Jahrmarkt]

[...] Und da war ich schon verstrickt ins Dasein, war schon mitten drinnen in der Masse des Lebens und trieb auf das Dudeln und Brausen des Jahrmarkts zu, in wachsendem Gedränge, der Boden war weich von Konfetti und Papierschlangen, in Buden wurden heiße Würstchen, Brezeln und gesponnener Honig ausgeboten, Trompetenstöße, Schüsse und Orgelläufe wurden immer greller, Ellbogen stießen mich, Füße streiften mich, und dann war alles eine einzige kreiselnde Bewegung von Leibern, ein einziges Johlen und Brodeln von Stimmen, und ich gehörte dazu, trieb umher zwischen den Gesichtern, Hüten und Armen, zwischen den schwankenden Trauben bunter Ballons, zwischen den großen, knatternden Fahnen, zwischen den wunderbar bemalten schnurrenden Karussellen, und auf die heisere Frage aus dem Kaspertheater, Seid ihr alle da, antwortete ich Ja im Chor unzähliger Stimmen, und als Kasper mit seiner Keule auf den Polizisten einhieb, schrie ich mit im kollektiven Gelächter, und ich sah die Schlangenbeschwörerin auf der Estrade, in ihrem Trikot aus schwarzen schillernden Schuppen, und den größten Mann der Welt, und den Zauberkünstler, dem Tauben aus dem Frack flogen, und alles war flüchtig, und alles kam wieder in veränderter Form, und die Zeltbahnen wogten und flüsterten geheimnisvoll im Wind, und die Masken in den Schießbuden rissen die Mäuler auf, und auf schwarzen Samtkissen lagen goldene Orden, und über dem rotierenden Karussell hingen klappernde Ringe, die man während der Fahrt zu durchstechen suchte, und in einem Miniaturbergwerk hackten ruckhaft kleine Gestalten gegen Stollenwände, und Karren, von steifbeinigen Pferden gezogen, rückten auf Schienen heran, und Schaufeln hoben sich über die Karren, und weiter rückten die Karren, und Körbe senkten sich durch Schächte hinab, und Karren neigten sich über die Körbe, und auf stiegen die Körbe und schwenkten sich über vorrückende Züge, und alles rüttelte und ruckte, bis das Werk plötzlich verstummte, und alles hielt inne mitten in einer Bewegung, Arme verharrten in der Luft mit hocherhobener Hacke, Pferde erstarrten, Körbe blieben hängen im Schacht, bis mit einem Ruck alles weiterging, alles weiterruckte, alles weiterzuckte, alles weiterhoppelte, alles weiterzottelte, alles weiterhackte, alles weiterknackte.

Peter Weiss: Abschied von den Eltern. edition suhrkamp 85. Frankfurt a. M. 1973, Seite 22 f. © Suhrkamp 1961.
Der Text entstand 1960/61. Die Ausschnittüberschrift ist nicht original.
Peter Weiss, geb. 8.11.1916 in Nowawes bei Berlin, gest. 10.5.1982 in Stockholm

Frans Masereel (1889-1972): Aus: Mein Stundenbuch. 167 Holzschnitte. Erstausgabe: Genf 1919. © Europa Verlag AG, Zürich. © VG Bild-Kunst, Bonn 1997.

21 Untersuche, wie es dem Autor gelingt, den Leser das Jahrmarktstreiben mit allen Sinnen wahrnehmen zu lassen: Was ist zu sehen, zu hören, zu riechen, zu ertasten?

22 Welche Wirkung hat es, dass man die Fülle der Eindrücke in einem einzigen Satz liest?

23 Beschreibe den Text.

4 Erzählerische Gestaltung in Textarten

Heinz Risse: Gloria Mundi

Eine Schneeflocke, der es wunderbarerweise vergönnt war, die Kristalle ihres Bewusstseins länger zusammenzuhalten, als dies den Schneeflocken üblicherweise gestattet ist, begegnete einer anderen, die sich in der gleichen Lage befand, und zwar in eben dem Augenblick, in dem das Tauwetter beide in den Gebirgsbach hinunterspülte.

„Die höheren Mächte müssen Besonders mit uns im Sinne haben", rief sie der anderen zu. „Oder glauben Sie, meine Liebe, dass sie uns sonst Unsterblichkeit zugestehen würden? Darf ich fragen, welche Taten Sie während Ihres Lebens vollbracht haben?"

„Ich fiel", erwiderte diese, „mit Tausenden anderer vor einen Bauernhof. Wir lagen so dicht, dass der kalte Wind nicht ins Haus dringen konnte – ich selbst hörte, wie der Bauer zu seiner Frau sagte, es sei gut, dass wir den Wind abhielten, denn nun brauchte er weniger zu heizen, und das Holz war knapp in jener Gegend."

„Es scheint mir nicht", sagte die erste Flocke, „dass Sie etwas vollbracht haben, was die höheren Mächte veranlassen könnte, Ihnen Unsterblichkeit zu verleihen. Sicherlich nicht, wenn ich die Leistung meines Lebens mit der Ihren vergleiche. Ich – ich gehörte zu einem gewaltigen Heere, das die Formation der Lawine besaß: Zunächst stürzten wir uns auf einen Wald und rissen ihn nieder, dann jagten wir einen langen Hang hinab auf ein Gehöft zu, dessen Wände unter unserem Anprall zersplitterten, zwar hatten auch wir Verluste, und manche Kameradin blieb hinter uns auf dem Wege – was tut das? Es war dennoch ein großartiger Sieg."

„Und Sie meinen", fragte die andere, „dass Ihnen, weil Sie so Gewaltiges vollbracht haben, die Unsterblichkeit verliehen wird? Gewiss ist das möglich oder gar wahrscheinlich, aber wie steht es mit mir, da meine Leistung doch an die Ihre nicht heranreicht?"

Da sie keine Antwort auf ihre Frage erhielt, blickte sie sich um, doch vermochte sie nur noch zu erkennen, dass die Gefährtin dabei war, sich aufzulösen, soeben verschwammen die letzten ihrer Kristalle in den Wassertropfen des Baches. Doch sagte ihr diese Wahrnehmung schon nichts mehr, denn auch ihr wurde plötzlich schwach, und sie entglitt dem eigenen Bewusstsein. Es gibt keinen Übergang, der nicht zugleich Untergang wäre, und was auch immer Mühe und Arbeit macht – einmal geht es zu Tal mit dem fließendem Wasser.

Heinz Risse: Belohne dich selbst. Fabeln. Carl Ed. Schünemann Verlag, Bremen 1954, Seite 37.
Heinz Risse, geb. 30.3.1898 in Düsseldorf, gest. 18.7.1989 in Solingen

Gloria mundi: Ruhm, Ehre, Glanz, Herrlichkeit der Welt (meist ironisch gemeint)

---

1 Um welche literarische Form handelt es sich im Erzähltext von Heinz Risse?

2 Untersuche und deute genau, womit beide Schneeflocken prahlen.

3 Inwiefern entsprechen sich das Ende des ersten Abschnitts (Zeile 6) und der letzte Abschnitt?

4 Was ist (sind) die Lehre(n) dieses Textes?
Wo steht/stehen sie?
Übertrage sie auf Menschen.

5 Beurteile die Lehre(n).

6 Beschreibe den Text.

Günter Kunert: Die Maschine

Erhaben und in einsamer Größe reckte sie sich bis unters Werkhallendach, schuf sogleich die Vorstellung, Monument des Zeitalters zu sein und diesem gleich: stampfend, gefahrvoll, monoton und reichlich übertrieben. Und vor allem: Auch sie produzierte einzig und allein durch gegensätzliche Bewegung unterschiedlicher Kräfte, durch einen gezähmten Antagonismus all ihrer Teile.

Aber in diesem wundervollen System blitzender Räder, blinkender Kolben, sich hebender und sich senkender Wellen war ein unansehnliches Teil, das wie von Schimmel überzogen schien und das sich plump und arhythmisch regte. Ein häßlicher Zusatz an der schönen Kraft. Ein Rest von Mattigkeit inmitten der Dynamik.

Als um die Mittagszeit ein Pfiff ertönte, löste sich dieses Teil von der Maschine und verließ die Halle, während die Maschine hilflos stehenblieb, zwiefach: in sich und am Ort. Plötzlich erwies sich, das billigste Teil und das am schlimmsten vernachlässigte war das teuerste und nur scheinbar ersetzlich. Wo es kaputtgeht, wird es nicht lange dauern, bis über den Beton Gras gewachsen ist.

Günter Kunert: Kramen in Fächern. Geschichten. Parabeln, Merkmale. Aufbau-Verlag, Berlin und Weimar 1968, Seite 90.
Günter Kunert, geb. 6. 3. 1929 in Berlin

Antagonismus: Gegensatz, Widerstreit, gegeneinander gerichtete Wirkungen

Günter Kunerts Text ist eine Parabel: eine in sich geschlossene, bildhafte Erzählung. Sie will einen Gedanken, etwas allgemein Gültiges verdeutlichen, eine Lehre vermitteln.

7 Inwiefern stimmen die drei Abschnitte mit den Erzählschritten überein?
(Hilfreich ist, wenn du drei Überschriften zu den drei Abschnitten formulierst.)

8 Überlege, wer das „unansehnliche Teil" ist, das auf ein Zeichen „um die Mittagszeit" die Maschine zum Stillstand bringt.

9 Wie wird sprachlich der Kontrast zwischen Maschine und dem „unansehnlichen Teil" deutlich?

10 Im letzten Erzählschritt wird einmal das Tempus gewechselt. Weshalb wohl?

11 Formuliere die Deutung des von Kunert gewählten Bildes.

12 Beschreibe die Parabel.

Bertolt Brecht: Märchen

Es war einmal ein Prinz, weit drüben im Märchenlande. Weil der nur ein Träumer war, liebte er es sehr, auf einer Wiese nahe dem Schlosse zu liegen und träumend in den blauen Himmel zu starren. Denn auf dieser Wiese blühten
5 die Blumen größer und schöner wie sonstwo. –
Und der Prinz träumte von weißen, weißen Schlössern mit hohen Spiegelfenstern und leuchtenden Söllern.
Es geschah aber, daß der alte König starb. Nun wurde der Prinz sein Nachfolger. Und der neue König stand nun oft auf den Söllern von weißen, weißen Schlössern mit hohen 10 Spiegelfenstern.
Und träumte von einer kleinen Wiese, wo die Blumen größer und schöner blühen, denn sonstwo.

Bertolt Brecht: Gesammelte Werke. werkausgabe edition suhrkamp, Band 1. Suhrkamp Verlag, Frankfurt a. M. 1967, Seite 7.
Bertolt Brecht, geb. 10. 2. 1898 in Augsburg, gest. 14. 8. 1956 in Ost-Berlin

13 Welche Kunde (das ist die ursprüngliche Bedeutung des Wortes „Märchen") enthält der Text?
Wie teilt Bertolt Brecht sie mit?
Beachte dazu:
– die sprachlichen Merkmale, die auf ein Märchen verweisen,
– den antithetischen Aufbau, der sich in Wort- und Satzwahl widerspiegelt.

14 Untersuche, ob die Definition, dass das Märchen eine mit dichterischer Fantasie entworfene Erzählung, eine nicht an die Bedingungen des wirklichen Lebens geknüpfte wunderbare Geschichte sei, auf dieses Märchen zutrifft.
Leite aus deiner Antwort auch die Unterscheidung zwischen Volks- und Kunstmärchen ab.
Warum ist der Titel provokativ?

15 Inwiefern hat der Text eine allgemeine Gültigkeit? Wie lässt er sich auf andere Bereiche des Lebens übertragen?

16 Beschreibe den Text im Zusammenhang.

Günter Bruno Fuchs: New York

Großes ist schwierig zu beschreiben. Groß, dieses Wort reicht nicht aus! Größer, das passt schon besser. Doch auch dieses Wort ist unpassend. Denn hier ist alles sehr groß.
5 Alles ist hoch. Sehr höher. Sehr gewaltig. Ja, sehr gewaltig, das passt schon besser. Es ist eine Gewalt: groß, hoch, höher und schwierig zu beschreiben.
Alle Bauwerke sind groß ausgeführt. Auch Gedenkstätten sind höher und gewaltiger. Man liest große Schriften.
10 Groß ist das Auge des vorübergehenden Menschen.

Ein winziger Himmel über den Straßen. Und bei aller Größe umher ist der Himmel so winzig, dass er noch höher ist als ein Himmel sonst. Noch gewaltiger als ein Himmel sonst. Noch schwieriger zu beschreiben als ein Himmel sonst. 15

Günter Bruno Fuchs: Reiseplan für Westberliner anlässlich einer Reise nach Moskau und zurück. Handbuch für Einwohner, Nr. 2. Reihe Hanser 114. Carl Hanser Verlag, München 1973, S. 49.
Günter Bruno Fuchs, geb. 3. 7. 1928 in Berlin, gest. 19. 4. 1977 ebd.

17 Schreibe auf, was dir an diesem Text gefällt.

Dritter Teil: Werbende und erörternde Texte beschreiben

Lufthansa. Das gute Gefühl, keinen Kompromiss gemacht zu haben.

Denken Sie beim Fliegen mal einen Augenblick über Charme und Champagner hinaus: Freundliche Mitarbeiter, guter Bordservice, komfortable Sitze gehören überall zum angenehmen Fliegen. Zum guten Gefühl jedoch, das ein Flug auf Lufthansa-Niveau vermittelt, gehört sehr viel mehr. Denn Fliegen ist und bleibt – auch angesichts des immer stärker steigenden Verkehrsaufkommen in der Luft – eine High-Tech-Dienstleistung. Und da ist für Vertrauen viel mehr notwendig, als z. B. ein bequemer Sitz. Die Basis für das gute Gefühl bei einem Lufthansa-Flug ist ein umfassender technischer Sicherheitsanspruch, bei dem wir uns von keinem auf der Welt übertreffen lassen wollen. Ein Beispiel neben vielen anderen ist das wohl kompromissloseste System, mit dem wir unsere ohnehin sehr jungen Flugzeuge jung erhalten, indem wir sie technisch ständig besser machen. Eine angenehme Atmosphäre in der Kabine kann man durchaus auch woanders bekommen. Das entscheidende Ganze einer kompromisslosen Lufthansa-Qualität bekommen Sie nur bei uns. So kommt es auch, dass Lufthansa-Passagiere bei jedem Flug etwas entwickeln, das ansonsten selten geworden ist: das sichere Gefühl, keinen Kompromiss gemacht zu haben.

DIE ZEIT, Nr. 5, 26.1.1990.

In Werbetexten lassen sich das Ansprechen und die Lenkung des Lesers, des Adressaten, deutlich erkennen.

1 Lies die folgende Beschreibung des Textes.

Textart — Der vorliegende Text erschien als Werbeannonce in der „ZEIT" vom 26.1.1990. Auftraggeber der Annonce ist die Lufthansa, die einzige Luftverkehrsgesellschaft in der Bundesrepublik Deutschland.

Adressat — Angesprochen werden potenzielle Fluggäste der Lufthansa.

Blickfang — Augenfällig ist die Überschrift in großen, fett gedruckten Buchstaben. Einprägen soll sich zunächst der Name „Lufthansa". Damit der Leser nach dem Erfassen dieses ersten Wortes einen Augenblick innehält, ist nach „Lufthansa" ein Punkt gesetzt. Schlüsselwörter der dann folgenden Aussage in der Überschrift sind „(kein) Kompromiss" und „das gute Gefühl".

Wirkung — Positiv eingestimmt und interessiert daran, nähere Informationen darüber zu erhalten, was es mit dem Kompromiss auf sich haben könnte, soll der Leser den folgenden dreispaltigen Text durchlesen; Lesehilfen durch erkennbar hervorgehobene Wörter enthält er nicht.

Aufbau — Auf der Suche nach dem „Kompromiss" durchläuft der Leser den folgenden Weg: In direkter Rede wird er zunächst auf ihm Bekanntes angesprochen: ...
Danach wird er weitergeführt zur ersten These: „Fliegen ist und bleibt (...) eine High-Tech-Dienstleistung." Vor der Information steht ein Appell an das Gefühl eines vielleicht verängstigten Lesers: ... Es folgt das Versprechen, seine Beunruhigung ernst zu nehmen und ihm einen „Anspruch" auf Sicherheit zuzugestehen. Herausgegriffen aus „vielen anderen" Beispielen, über die nichts Näheres zu erfahren ist, wird das „kompromissloseste System"; hier taucht das Schlüsselwort wieder auf.
Nach einem Blick auf das Angebot „woanders" folgt der „entscheidende" Satz: ...

2 Ergänze den Text an den ... gekennzeichneten Stellen und schließe mit einer Zusammenfassung dessen, was die Anzeige dem Leser anbietet.

Es geht mir (49) viel zu gut, um die vielen Freuden des Lebens allein zu geniessen. **Deshalb suche ich meinen**

Traummann

zum Gernhaben und Verwöhnen. Meine Träume sind allerdings nicht so, dass sie ein normales männliches Wesen nicht erfüllen könnte!

Mein Traummann hat einen verträglichen Charakter, er kann nehmen und geben, er kann ernst und fröhlich sein. Er ist nicht nur intelligent, sondern hat auch persönliche Ausstrahlung. Er ist zwischen 50 und 60, diskussionsfreudig, aber nicht stur, ziemlich gross und etwas sportlich, vielseitig und unternehmungslustig.

Von mir darf ich sagen, dass ich eine spontane, lebendige Frau bin, man sagt: attraktiv, aktiv und recht kreativ, auch etwas sportlich (Golf, Ski, Wandern). Etwas romantisch, brauche ich viel Zuneigung und möchte auch welche verschenken. Eheerfahren (Witwe), bin ich nicht unbedingt auf Heirat aus. Meine Unabhängigkeit verlangt ebenfalls einen unabhängigen Partner aus anspruchsvollem Umfeld.

Versuchen Sie's doch! Ich freue mich auf Ihre Zuschrift (mit Foto?).

Neue Zürcher Zeitung, Fernausgabe, Nr. 17, 23. 1. 1990.

Auf meinem einsamen Maiensäss ohne Elektrizität und Warmwasser fühle ich mich ebenso wohl wie im **Victoria-Jungfrau** oder auf einem Schloss bei Freunden im Tirol – aber noch schöner wäre dies alles zu zweit. Ich bin ein lebenstüchtiger, fröhlicher und grosszügiger Akademiker und Unternehmer, lebe in guten wirtschaftlichen Verhältnissen, bin sportlich schlank, gutaussehend und nichtrauchend. Ich bin ledig und in jeder Hinsicht ungebunden. Als ein Mann mit Gestaltungskraft und künstlerischem Flair, der mit seinen Augen arbeitet, wünsche ich mir eine aussergewöhnlich attraktive und schlanke Partnerin bis 36, die mit mir die vielen schönen Dinge und Momente in meinem Leben teilt in einer treuen, harmonischen und niemals langweiligen Liebesbeziehung. Ich freue mich auf deine Bildzuschrift.

Neue Zürcher Zeitung, Fernausgabe, Nr. 22, 28./29. 1. 1990.

Anmerkung: In der Schweiz wird ss statt ß geschrieben.

---

3 Versuche, die Anzeigen als interessierter – oder abgeschreckter – Angesprochener zu lesen.
Beschreibe, wie Frau und Mann sich selbst darstellen und welche Vorstellungen sie von ihrem Wunschpartner haben.

4 Fasse abschließend deine Meinung zu den „Angeboten" in den Anzeigen zusammen.

„LESEN" VERSCHENKEN

„*Diederich Hessling war ein weiches Kind, das am liebsten träumte, sich vor allem fürchtete und viel an den Ohren litt. Ungern verließ er im Winter die warme Stube, im Sommer den engen Garten, der nach den Lumpen der Papierfabrik roch und über dessen Goldregen- und Fliederbäumen das hölzerne Fachwerk der alten Häuser stand.*" — Zitat / Funktion des Zitats

Was ist eben, beim Lesen der wenigen Zeilen, mit Ihnen geschehen? Sie haben die Welt gewechselt. Sie haben sich eine Vorstellung gemacht, eine Person gesehen, einen Garten, Häuser, sie haben etwas gerochen. Und all dies ohne Darsteller, ohne Kameras, ohne Requisiten, einfach beim Lesen. Nur die unterschiedlichen Kombinationen von 26 Buchstaben und Ihre eigene Fantasie waren dazu notwendig. — direktes Ansprechen des Lesers/Frage / Antwort / Aufzählung

These: Lesen ist die preiswertere Art, sich in eine andere Welt zu versetzen oder auch, sich die Welt ins Haus zu holen. — vergleichsloser Komparativ

Beispiel: Viele Menschen haben die Erfahrung vergessen, die sie vielleicht in ihrer Kindheit gemacht haben. Über ein Land gelesen zu haben, ist wie dagewesen. Heute kommt die Welt per Knopfdruck ins Haus, das Reiseabenteuer, die Spannung, die Natur-Schilderung. Doch was man dort empfängt, sind vorgestanzte Bilder, jeder empfängt sie gleich. Das Erlebnis, dass aus Worten Bilder und Welten werden, findet nicht statt. — Vergleich/Gegenüberstellung

These: Bücher sind keine Massenmedien, sondern das Individuellste, das man sich denken kann. Und was man schenken kann. Ein Buch zu verschenken erfordert freilich auch etwas: Man muss sich zunächst in denjenigen, den man beschenken will, hineindenken. Was interessiert ihn, was mag er, womit kann ich ihm zeigen, dass ich ihn kenne und wie ich ihn einschätze? — Superlativ

Dass man dann kein Buch findet, ist undenkbar. Es gibt kein Thema, kein Hobby, kein Fachgebiet – und sei es noch so speziell –, zu dem es nicht mindestens mehrere Bücher gibt. Und dass die Menschen individuell schenken wollen, zeigt die Statistik: Jedes zweite in Deutschland gekaufte Buch wird verschenkt.

(Randspalte: Zeile 17 „These"; Zeile 21 „Beispiel"; Zeile 28 „These"; Zeile 31 „These")

Der Text erschien in BuchJournal 4/1989, Herausgeber: Börsenverein des Deutschen Buchhandels e.V., verfasst von Dorothee Hess-Maier, seit 1989 Vorsteherin des Börsenvereins des Deutschen Buchhandels.
Das Eingangszitat ist der Beginn des Romans „Der Untertan" von Heinrich Mann, geb. 27.3.1871 in Lübeck, gest. 12.3.1950 in Santa Monica (Cal.)

5 Kennzeichne weitere, dir wichtig erscheinende sprachliche Merkmale des Textes.

6 Verwende die Angaben und deine Ergänzungen zum Beschreiben des Textes.
Beschreibe, wie du als Leser durch den Text geführt wirst, wie die Verfasserin des Textes dir ihr Anliegen vorträgt.

> Wer die **Gedankenbewegung in einem erörternden Text** beschreiben soll, kann ihn u.a. mit folgenden Arbeitsfragen untersuchen:
> – Worum geht es dem Verfasser?
> – Wie baut er seinen Gedankengang auf?
> – Welche Thesen stellt er auf?
> – Welche Begründungen gibt er?
> – Arbeitet er mit Beispielen?
> Behauptungen und Forderungen, die zur Diskussion gestellt werden, heißen **Thesen**.
> Mit **Argumenten** stützt ein Verfasser seine Thesen, mit **Beispielen** veranschaulicht er seine Argumente.

Luise Rinser: Die Wozu-Frage

Eine Pflanze, ein Tier, ein Gegenstand kennt die Frage nach dem Sinn des Daseins nicht. Dass es da ist, das ist der Sinn des Daseins. Auch der primitive Mensch fragt nicht, auch der naive nicht, das Kind zum Beispiel.
Zu leben, das eben ist der Sinn des Daseins. Sogar der bewusste Mensch kennt Zeiten, in denen er nicht fragt. Solange es ihm „gut geht", scheint es ihm, als wisse er, wozu er lebt. Anders, wenn er plötzlich herausfällt aus der Selbstverständlichkeit des Lebens, wenn ihm sein Dasein „fragwürdig" wird [...]
Dass es dem Menschen als einzigem Geschöpf vorbehalten ist, diese Frage zu stellen, sagt uns, dass er sie stellen soll. Sie gehört wesentlich zum Menschen. Der Mensch ist dasjenige Geschöpf, das nicht zufrieden sein kann mit seinem bloßen Dasein, weil es nicht zufrieden sein *darf*. Es muss wissen wollen, worauf sein Dasein zielt und ob es Sinn hat. Dass er nach dem Sinn fragen *kann*, deutet darauf hin, dass es einen Sinn *gibt*. Gäbe es ihn nicht, hätte der Mensch nicht diese tiefe, unstillbare Sehnsucht danach, ihn zu finden. Weil „der Sinn" nicht unmittelbar deutlich wird, suchen wir ihn in Teilstrecken-Zielen. Wir streben immer irgendetwas an, ein Haus zu bauen, zu heiraten, Kinder zu haben, Gehaltserhöhung zu bekommen, den Betrieb zu erweitern, reich zu werden, gesund zu werden. Solange wir dies oder das anstreben, haben wir das (berechtigte) Gefühl, sinnvoll zu leben. Haben wir das Angestrebte erreicht und sind wir keine heillosen Spießer, so merken wir, dass die alte Frage sich neu erhebt: Wozu das? [...]

Unsere Wozu-Frage ist Ausdruck unserer Sehnsucht nach dem Sinn und diese Sehnsucht lässt sich nicht durch Teilantworten stillen. Sie führt uns weiter und weiter, von Aufgabe zu Aufgabe, von Krise zu Krise. Sie ist die Kompassnadel, die uns den Weg anzeigt. Wer die Wozu-Frage mit einer Teilantwort zum Schweigen bringt, verliert den Kompass. Freilich ist das Leben mit erstickter Wozu-Frage bequemer, aber es ist ein „uneigentliches" Leben, eines, das nicht zu sich selbst kommt, also kein wirklich menschliches.
Die Wozu-Frage stellt sich uns immer auch als Versuchung zur Verzweiflung: „Lass dich fallen, gib dich auf, es ist doch alles umsonst, du lebst ins Leere hinein." Aber das kann nicht die wahre Antwort sein. Unsere Sehnsucht sagt uns, dass es eine andere Antwort geben muss. Dass sich uns die Wozu-Frage immer dann stellt, wenn uns eine Enttäuschung, ein Schmerz aufstört aus der Trägheit und Uneigentlichkeit, kann uns darüber belehren, dass wir vor einer neuen Aufgabe stehen. [...] Das „Wozu" heißt eigentlich: „Geh weiter, nimm die Hürde, und du wirst sehen, wozu die Frage dient." Die Wozu-Frage ist der Motor unseres geistigen Lebens und die Garantie dafür, dass wir eines Tages *die* Antwort finden werden.

Aus: Hans Peter Richter (Hrsg.): Wozu leben wir? Schriftsteller antworten jungen Menschen auf die Frage: Wozu leben wir? Herder Verlag, Freiburg i. Br. 1968, S. 43–46. Ausschnitte.
Luise Rinser, geb. 30.4.1911 in Pitzling/Oberbayern

Verfasser und Veröffentlichungsort	Luise Rinsers Beitrag zur Wozu-Frage erschien 1968 in dem von Hans Peter Richter herausgegebenen Band „Wozu leben wir?" Schriftsteller antworten jungen Menschen auf die Frage „Wozu leben wir?" im Herder-Verlag in Freiburg im Breisgau.	Offensichtlich beabsichtigt die Autorin nicht, die Frage zu beantworten, sondern die Frage selbst zu untersuchen, wie sich der Überschrift entnehmen lässt. Zunächst stellt die Verfasserin fest, wo die Wozu-Frage nicht auftaucht, nämlich bei „Pflanze" und „Tier", bei „primitiven" und „naiven" Menschen.
Worum geht es?	Die Überschrift des Artikels und der Titel des Buches, in dem er veröffentlicht worden ist, machen deutlich, dass es um die Frage nach dem Lebenssinn geht.	Aus dem zweiten Abschnitt erfährt der Leser, dass nur ein „bewusster Mensch" die Sinnfrage stellt, jedoch nicht immer, sondern erst dann, wenn er aus der „Selbstverständlichkeit" seines Lebens herausgerissen wird.

These 1	Abschnitt 3 beginnt mit der ersten These: „Dass es dem Menschen als einzigem Geschöpf vorbehalten ist, diese Frage zu stellen, sagt uns, dass er sie stellen soll."
These 2	Als zweite These schließt sich der Gedanke an (Zeile 14): Der Mensch kann ohne die Sinnfrage nicht zufrieden sein. Das Argument dazu lautet: weil er es nicht darf.
These 3	Der folgende Argumentationsschritt lässt sich so zusammenfassen: Es gibt einen Sinn (These), weil der bewusste Mensch nach dem Sinn seines Lebens fragt (Argument). Es folgen Beispiele für die Sinnsuche in „Teilstrecken-Zielen" und die These, dass diese Art des Suchens die Wozu-Frage nicht löst.
Schlussthesen	Der letzte Abschnitt enthält folgende Argumentationsschritte: Es muss eine „wahre" Antwort geben, weil „unsere Sehnsucht" uns dies sagt. Es ist unsere Aufgabe, immer wieder von neuem nach dem Sinn zu suchen.
Ergebnis	In den letzten vier Zeilen fasst Luise Rinser ihre Auffassung von der Frage nach dem Sinn zusammen: „Die Wozu-Frage ist der Motor unseres geistigen Lebens und die Garantie dafür, dass wir eines Tages die Antwort finden werden."
Stellungnahme	Der Vergleich mit dem „Motor" zeigt, dass für die Autorin bewusstes Leben und Stellen der Sinnfrage unlösbar verbunden sind. Das geistige Leben wäre beendet, wenn der Motor versagte. Die Hoffnung auf eine Antwort hält den Motor in Gang. Die Suche nach einer Antwort kann ein Mensch dem anderen wohl nicht abnehmen, ohne dessen eigenen Motor stillzustellen, also ohne ihn daran zu hindern, als bewusster Mensch zu leben.

7 Lies den Aufsatz durch und stelle fest, wie das Arbeitsverfahren beim Beschreiben eines erörternden Textes deutlich wird:
1. Das Hauptproblem erkennen.
Die Überschrift gibt Hinweise. Erst nach dem Erfassen der Thesen und Argumente lässt sich jedoch zuverlässig sagen, wohin der Verfasser zielt.
2. Den Aufbau erkennen.
Welche Feststellungen werden getroffen, also: Welche Thesen werden aufgestellt?
Welche Begründungen (Argumente) finden sich?

Nicht in jedem Fall sind Thesen und Argumente so formuliert, dass man sie gleich erkennt. In einem solchen Fall muss man beim Beschreiben eines Textes herausfinden, wie die einzelnen Gedanken „gelaufen" sind (siehe rechte Spalte).

Rinser: „Unsere Sehnsucht sagt uns, dass es eine Antwort geben muss."
Frage des Lesers: Wie kommt sie zu dieser Feststellung (These)?
Antwort: Es muss eine „wahre Antwort" geben, weil unsere Sehnsucht uns dies sagt. Das Vorhandensein der Sehnsucht ist also die „letzte Instanz", die man nicht mehr in Frage stellen kann.
Welche Voraussetzung diesem Gedanken zugrunde liegt, erfährt der Leser erst am Schluss: Die Sehnsucht ist der Motor des Lebens.

Max Frisch: Überfremdung I

Ein kleines Herrenvolk sieht sich in Gefahr: Man hat Arbeitskräfte gerufen, und es kommen Menschen. Sie fressen den Wohlstand nicht auf, im Gegenteil, sie sind für den Wohlstand unerläßlich. Aber sie sind da. Gastarbeiter oder Fremdarbeiter? Ich bin fürs letztere: Sie sind keine Gäste, die man bedient, um an ihnen zu verdienen: Sie arbeiten, und zwar in der Fremde, weil sie in ihrem eigenen Land zurzeit auf keinen grünen Zweig kommen. Das kann man ihnen nicht übelnehmen. Sie sprechen eine andere Sprache. Auch das kann man nicht übelnehmen, zumal die Sprache, die sie sprechen, zu den vier Landessprachen gehört. Aber das erschwert vieles. Sie beschweren sich über menschenunwürdige Unterkünfte, verbunden mit Wucher, und sind überhaupt nicht begeistert. Das ist ungewohnt. Aber man braucht sie. Wäre das kleine Herrenvolk nicht bei sich selbst berühmt für seine Humanität und Toleranz und so weiter, der Umgang mit den fremden Arbeitskräften wäre leichter; man könnte sie in ordentlichen Lagern unterbingen, wo sie auch singen dürften, und sie würden nicht das Straßenbild überfremden. Aber das geht nicht; sie sind keine Gefangenen, nicht einmal Flüchtlinge. So stehen sie denn in den Läden und kaufen, und wenn sie einen Arbeitsunfall haben oder krank werden, liegen sie auch noch in den Krankenhäusern. Man fühlt sich überfremdet. Langsam nimmt man es ihnen doch übel. Ausbeutung ist ein verbrauchtes Wort, es sei denn, daß die Arbeitgeber sich ausgebeutet fühlen. Sie sparen, heißt es, jährlich eine Milliarde und schicken sie heim. Das war nicht der Sinn. Sie sparen. Eigentlich kann man ihnen auch das nicht übelnehmen. Aber sie sind einfach da, eine Überfremdung durch Menschen, wo man doch, wie gesagt, nur Arbeitskräfte wollte. Und sie sind nicht nur Menschen, sondern anders. Italiener. Sie stehen Schlange an der Grenze; es ist unheimlich. Man muß das kleine Herrenvolk schon verstehen. Wenn Italien plötzlich seine Grenze sperren würde, wäre es auch unheimlich. Was tun? Es geht nicht ohne strenge Maßnahmen, die keinen Betroffenen entzücken, nicht einmal den betroffenen Arbeitgeber. Das ist natürlich. Es herrscht Konjunktur, aber kein Entzücken im Lande. Die Fremden singen. Zu viert in einem Schlafraum. Der Bundesrat verbittet sich die Einmischung durch einen italienischen Minister; schließlich ist man unabhängig, wenn auch angewiesen auf fremde Tellerwäscher und Maurer und Handlanger und Kellner und so weiter, unabhängig (glaube ich) von Habsburg wie von der EWG. Ganz nüchtern: 500 000 Italiener, das ist ein Brocken, so groß wie der Neger-Brocken in den Vereinigten Staaten. Das ist schon ein Problem. Leider ein eigenes. Sie arbeiten brav, scheint es, sogar tüchtig; sonst würde es sich nicht lohnen, und sie müßten abfahren, und die Gefahr der Überfremdung wäre gebannt. Sie müssen sich schon tadellos verhalten, besser als Touristen, sonst verzichtet das Gastland auf seine Konjunktur. Diese Drohung wird freilich nicht ausgesprochen, ausgenommen von einzelnen Hitzköpfen, die nichts von Wirtschaft verstehen. Im allgemeinen bleibt es bei einer toleranten Nervosität. Es sind einfach zu viele, nicht auf der Baustelle und nicht in der Fabrik und nicht im Stall und nicht in der Küche, aber am Feierabend, vor allem am Sonntag sind es plötzlich zu viele. Sie fallen auf. Sie sind anders. Sie haben ein Auge auf Mädchen und Frauen, solange sie die ihren nicht in die Fremde nehmen dürfen. Man ist kein Rassist; es ist schließlich eine Tradition, daß man nicht rassistisch ist, und die Tradition hat sich bewährt in der Verurteilung französischer oder amerikanischer oder russischer Allüren, ganz zu schweigen von den Deutschen, die den Begriff von den Hilfsvölkern geprägt haben. Trotzdem sind sie einfach anders. Sie gefährden die Eigenart des kleinen Herrenvolkes, die ungern umschrieben wird, es sei denn im Sinn des Eigenlobs, das die anderen nicht interessiert; nun umschreiben uns aber die andern –
Wollen wir das lesen?
[…]

8 Beschreibe, wie Frisch die Gedanken der kleinen Herren darstellt.
Bedenke dabei auch, wie die Überschrift „Überfremdung" zu verstehen ist.

Max Frisch: Forderungen des Tages. Porträts, Skizzen, Reden 1943–1982. suhrkamp taschenbuch 957. Frankfurt a. M. 1983, Seite 188 f. Der Text wurde 1965 verfasst.
Max Frisch, geb. 15. 5. 1911 in Zürich, gest. 4. 4. 1991 ebd.

Worum geht es? — *Max Frisch beschäftigt sich in seiner Skizze „Überfremdung I" mit Denkweisen, die im „Gastland" Schweiz zu beobachten sind, seitdem eine größere Zahl erwerbstätiger Italiener dort lebt.*

Aufbau und Sprache — *Auffällig ist das Arbeiten mit Gegensätzen, was schon im ersten Satz deutlich wird: „Ein kleines Herrenvolk" sieht die Zugereisten als „Arbeitskräfte", nicht als „Menschen". Auffällig ist ferner die ironische Sicht des Autors, die sich in der Formulierung „kleines Herrenvolk" äußert.*

Peter Handke: Ich bin ein Bewohner des Elfenbeinturms

Literatur ist für mich lange Zeit das Mittel gewesen, über mich selber, wenn nicht klar, so doch klarer zu werden. Sie hat mir geholfen zu erkennen, daß ich da war, daß ich auf der Welt war. Ich war zwar schon zu Selbstbewußtsein gekommen, bevor ich mich mit der Literatur beschäftigte, aber erst die Literatur zeigte mir, daß dieses Selbstbewußtsein kein Einzelfall, kein Fall, keine Krankheit war. Ohne die Literatur hatte mich dieses Selbstbewußtsein gleichsam befallen, es war etwas Schreckliches, Beschämendes, Obszönes gewesen; der natürliche Vorgang erschien mir als geistige Verwirrung, als eine Schande, als Grund zur Scham, weil ich damit allein schien. Erst die Literatur erzeugte mein Bewußtsein von diesem Selbstbewußtsein, sie klärte mich auf, indem sie zeigte, daß ich kein Einzelfall war, daß es anderen ähnlich erging. Das stupide System der Erziehung, das wie auf jeden von den Beauftragten der jeweiligen Obrigkeit auch auf mich angewendet wurde, konnte mir nicht mehr soviel anhaben. So bin ich eigentlich nie von den offiziellen Erziehern erzogen worden, sondern habe mich immer von der Literatur verändern lassen. Von ihr bin ich durchschaut worden, von ihr habe ich mich ertappt gefühlt, von ihr sind mir Sachverhalte gezeigt worden, deren ich nicht bewußt war oder in unbedachter Weise bewußt war. Die Wirklichkeit der Literatur hat mich aufmerksam und kritisch für die wirkliche Wirklichkeit gemacht. Sie hat mich aufgeklärt über mich selber und über das, was um mich vorging.

Seit ich erkannt habe, worum es mir, als Leser wie auch als Autor, in der Literatur geht, bin ich auch gegenüber der Literatur, die ja wohl zur Wirklichkeit gehört, aufmerksam und kritisch geworden. Ich erwarte von einem literarischen Werk eine Neuigkeit für mich, etwas, das mich, wenn auch geringfügig, ändert, etwas, das mir eine noch nicht gedachte, noch nicht bewußte *Möglichkeit* der Wirklichkeit bewußt macht, eine neue Möglichkeit zu sehen, zu sprechen, zu denken, zu existieren. Seidem ich erkannt habe, daß ich selber mich durch die Literatur habe ändern können, daß mich die Literatur zu einem anderen gemacht hat, erwarte ich immer wieder von der Literatur eine neue Möglichkeit, mich zu ändern, weil ich mich nicht für schon endgültig halte. Ich erwarte von der Literatur ein Zerbrechen aller endgültig scheinenden Weltbilder. Und weil ich erkannt habe, daß ich selber mich durch die Literatur ändern konnte, daß ich durch die Literatur erst bewußter leben konnte, bin ich auch überzeugt, durch meine Literatur andere ändern zu können. Kleist, Flaubert, Dostojewski, Kafka, Faulkner, Robbe-Grillet haben mein Bewußtsein von der Welt geändert.

---

9 Notiere, worum es deiner Ansicht nach im Text geht. Berücksichtige dabei den ersten Satz und vor allem folgende Zeilen: „So bin ich eigentlich […] verändern lassen." (Zeile 19 ff.)
„Ich erwarte von einem literarischen Werk […]" (Zeile 32 ff.)
„Ich erwarte […] ein Zerbrechen […]" (Zeile 42 ff.)

10 Versuche nun, die Frage „Worum geht es im Text?" in einem Satz zu beantworten.

11 Überlege, weshalb der Schriftsteller Peter Handke sich wohl als einen „Bewohner des Elfenbeinturms" (also fern der Wirklichkeit lebend) bezeichnet.

12 Beschreibe jetzt den Text.
Beginne mit deiner Antwort auf die Frage: „Worum geht es?"
Halte dich beim Beschreiben des Aufbaus an deine Lösungen zu Aufgabe 9, in denen du die einzelnen Thesen benannt hast.
Fasse auch die Begründungen dieser Thesen, die Argumente zusammen.

13 Wähle die Aussage über Literatur, die dir am wichtigsten erscheint, und schreibe als Abschluss des Aufsatzes deine Meinung dazu.

Peter Handke: Prosa, Gedichte, Theaterstücke, Hörspiel, Aufsätze.
Suhrkamp Verlag, Frankfurt a. M. 1969, Seite 263 f.
Der Text wurde 1967 verfasst.
Peter Handke, geb. 6. 12. 1942 in Griffen (Kärnten)

Elfenbeinturm: bildhafter Ausdruck für das Leben von Dichtern, Künstlern, Wissenschaftlern in einer eigenen Welt ohne Rücksicht auf die Alltagsprobleme ihrer Mitmenschen.
Obszönes: Unanständiges, Schlüpfriges, moralische Entrüstung Hervorrufendes, Schamloses
Kleist, Flaubert …: Schriftsteller

Beispiel: Handke sagt in Zeile 20 f., er habe sich von der Literatur erziehen lassen. Unter „erziehen" versteht er „verändern" (Zeile 21) und das sieht so aus: Literatur macht dem Leser deutlich, was er selbst noch nicht so klar sieht oder was er sich nicht eingestehen möchte.
…

Verzeichnis der Fachbegriffe

Der Übersichtlichkeit wegen erscheinen die Begriffe entsprechend den Kapiteln des Übungsheftes geordnet. Die mit Fachausdrücken bezeichneten Merkmale sind allerdings nicht auf eine Textart beschränkt. So finden sich z. B. Metaphern sowohl in Gedichten als auch in Werbetexten, Personifikationen in Gedichten und in Fabeln usw.

Erster Teil: Gedichte beschreiben

Alliteration	Wiederkehr gleicher Anfangslaute bei aufeinander folgenden Wörtern, um Klangeffekte und eine Verstärkung der Aussage zu erzielen: Nachts war nichts [...] (Piontek)
Anapher	Wiederholung eines Wortes am Anfang aufeinander folgender Verszeilen zur Steigerung des Ausdrucks: Kein Pferdewiehern/Keine Detonationen (Piontek)
antithetische Aussage	inhaltlich gegensätzliche Sätze, Gedanken und Begriffe
Assonanz	Reim, bei dem nur die Vokale der letzten betonten Silbe übereinstimmen: stark/warm; Neger/lesen
Bedeutungskette	eine Reihe von Wörtern mit gemeinsamen Bedeutungsmerkmalen innerhalb eines Textes; Bedeutungszusammenhang mehrerer Wörter
Bildlichkeit	bildliche Sprechweise; zu ihr gehören: Personifikation, Vergleich, Metapher, Chiffre
Binnenreim	Gleichklang mehrerer Wörter innerhalb einer Verszeile
Chiffre	Bild der Lyrik, dessen Sinn oft nur dem Leser erschließbar ist, der das Gesamtwerk des Autors kennt
Dinggedicht	siehe Seite 7
Ellipse	Satzbruchstück; unvollständiger Satz
Enjambement	Satz- und Versende oder Strophenende fallen nicht zusammen, d. h., am Ende einer Verszeile oder am Ende einer Strophe entsteht keine Sprechpause (Zeilen- oder Strophensprung)
Kadenz	metrische Gestaltung des Versendes (siehe Kasten Seite 12)
Klang	siehe Kasten Seite 12
Kolon/Kola	Sinneinheit(en)
Lyrisches Ich	Sprecher im Gedicht, nicht identisch mit dem Autor
Metapher	zwei Bildbereiche stehen in einem ungewohnten Zusammenhang: Die Gestade des Himmels (Heym) (siehe Kasten Seite 12)
Motiv	siehe Kasten Seite 17
Personifikation	Vermenschlichung (siehe Kasten Seite 12)
Reim	Versausgänge, Kadenzen (siehe Kasten Seite 12)
Reimschema	Art des Reims; Paarreim: a a b b, Kreuzreim: a b a b, umarmender Reim: a b b a u.a.
Sprechphase	erfasst beim Sprechen einen Sinnabschnitt
Strophe	Einheit mehrerer Verszeilen, durch Absätze optisch sichtbar gemacht; auch einzeilige Strophen sind möglich
Thema	Gegenstand, Stoff einer Dichtung
Vergleich	Begriffe aus verschiedenen Bereichen werden miteinander verglichen, meist mit Vergleichspartikel „wie"
Vers	Zeile eines Gedichts
Versausgang	Kadenz (siehe Kasten Seite 12)
Zäsur	Einschnitt; siehe Kolon
Zeilensprung	siehe Enjambement

Zweiter Teil: Erzählende Texte beschreiben

Dehnung	Erzählzeit länger als erzählte Zeit, siehe auch Raffung
Erzähler	Ich-Erzähler: Sprecher in der Erzählung, meist vom Autor erfunden, also nicht identisch mit ihm
	neutraler Erzähler: gibt wieder, was der Autor ihn wahrnehmen oder erfahren lässt; kommentarlos
	auktorialer Erzähler: allwissender Erzähler, überblickt die gesamte Handlung, kennt die Gedanken der Figuren, kommentiert auch das Geschehen (siehe Kasten Seite 24)
erzählte Zeit	siehe Kasten Seite 34
Erzählzeit	siehe Kasten Seite 34
Figuren	Gestalten in der Dichtung: Personen, Tiere, Pflanzen
Parabel	siehe Seite 40
Raffung	Erzählzeit geringer als erzählte Zeit
Raum	Angaben zum Schauplatz der Handlung, zum Milieu
Retardierung/ Retardation	Verzögerung, Verlangsamung des Handlungsablaufs, oft durch ausführliche Beschreibung von Einzelheiten
Rückblende	Unterbrechung des Handlungsgeschehens, um auf Vergangenes zu verweisen
Textart	Textsorte, z. B. Fabel, Parabel, Märchen, Werbetext
Vorausdeutung	Unterbrechung des Handlungsgeschehens, um auf Zukünftiges zu verweisen
Zeit/Zeitgestaltung	siehe erzählte Zeit, Erzählzeit, Dehnung, Raffung

Dritter Teil: Werbende und erörternde Texte

Adressat	der Angesprochene, den der Autor erreichen will
Argument	Begründung für eine These
Argumentation	ausführliche Darlegung eines Gedankengangs
Behauptung	siehe These
These	Behauptung oder Forderung, die zur Diskussion gestellt wird und als Ausgangspunkt für eine Argumentation dient